철학과
투자는
이렇게 만난다

월스트리트, 실리콘 밸리의 투자자들은 철학을 어떻게 활용하는가

철학과 투자는 이렇게 만난다

WHAT HAPPENS WHEN INVESTORS
FALL IN LOVE WITH PHILOSOPHY

오영우 지음

좋은땅

●
목
차

머리말 • 7

　투자자들이 상대하는 '시장'이라는 괴물은 매우 강력합니다. 투자자들은 이 괴물을 잡기 위해서 온갖 무기를 사용합니다. 어떤 이들은 논리, 확률의 무기를 사용합니다. 어떤 이들은 역사와 예술을 통해 무기를 얻고자 노력합니다. 또한 단순히 분석하는 데 그치는 것이 아니라 사업적 관점에서 투자에 접근하는 사람들도 있습니다. 열심히 회사를 키울 수 있도록 실제적인 행동을 하는 것이지요. 투자자들은 그야말로 할 수 있는 모든 것을 동원해서 싸웁니다.

　그런데 선구적인 투자자들 중 몇몇은 철학의 광산에 가서 자신들의 무기를 얻었습니다. 그곳에서 사고의 검을 날카롭게 벼르고 철학자들이 걸어온 그 유구한 역사를 되돌아보며 괴물을 벨 통찰력을 얻었습니다. 또 철학적 개념들과 방법론을 통해 새로운 아이디어를 얻기도 하였으며 이를 통해 기존의 문제들을 해결함으로써 신사업을 일구어내기도 하였습니다. 철학이라는 학문은 투자자들이 좋은 보검을 얻을 수도 있고 무예를 닦을 수도 있는 좋은 훈련장이라고 할 수 있겠습니다.

그러면 철학공부는 도대체 어떠한 것이기에 유용한 것일까요, 그리고 유명 투자자들은 철학공부를 통해 어떤 유용성을 얻어갔을까요? 이 책은 투자와 사업을 하는 데 있어서 철학적 관점이 어떻게 활용될 수 있는지 알려드리는 것을 주목적으로 합니다. 특히 '철학과 투자가 어떻게 만나는지'에 대해서 여러 투자자들의 사례를 통해 이야기하고자 합니다. 이를 통해 철학의 유용성을 확인하고 독자 여러분들이 관심 가는 철학들을 한번 깊게 공부해 보는 계기가 되었으면 좋겠습니다.

이 책은 전작인『철학의 검으로 투자의 세계를 베다』와 동일한 지식체계를 배경으로 하고 있습니다. 전작이 투자, 사업, 인공지능 등 다양한 분야의 예들을 통해서 설명하고자 했다면 이번 책의 내용은 좀 더 투자 관련 내용에 포커스를 맞췄습니다.

1장에서는 먼저 여러 학문들을 공부하는 것이 도대체 투자에 어떤 의미가 있는지, 무슨 도움을 받을 수 있는지에 대해서 이야기를 합니다. 그리고 특별히 철학이 줄 수 있는 것은 무엇인가에 대해서 생각해 봅니다.

2장에서는 먼저 철학의 역사를 간단하게 살펴봅니다. 그리고 투자에 적용될 수 있는 철학 유파들을 분류하여 이야기합니다. 철학 유파들이 형성하고 있는 전선을 어느 정도 이해하고, 그 틀 속에서 투자자들의 유형을 구분할 수 있도록 큰 그림을 그리는 것이 이 장의 목표입니다. 그리고 그 큰 그림의 구조는 실증주의/합리주의, 현상학/해석학, 비판이론/후기-구조주의 이 세 흐름으로 설명합니다.

3장에서는 투자자들이 사용할 수 있는 무기인 논리, 확률, 역사, 예술, 비판, 해체에 대해서 살펴봅니다. 이 중 실제 투자의 세계에서 자주 사용되는 논리와 확률은 실증주의/합리주의 계열의 철학과 잘 붙어 다닙니다. 논리, 확률을 보완하거나 대체할 수 있는 무기인 역사와 예술은 현상학/해석학 계열의 철학과 더불어 이야기가 될 수 있습니다. 마지막으로 비판과 해체는 투자의 세계에서 현재 아주 활발하게 사용되고 있지는 않습니다. 다만 나름의 유용성이 있기 때문에 점차 사용이 확산되고 있는 무기들입니다. 이들은 직접적으로 비판이론/후기-구조주의 계열의 철학에 근거합니다.

4장에서는 위대한 철학자들로부터 많은 영감을 받은 투자자들에 관해서 이야기합니다. 거물급 투자자들을 살펴보면 생각보다 철학 전공자들이 많다는 것을 알게 됩니다. 특히 미국의 경우 굉장히 많습니다. '월스트리트'로 상징되는 전통적인 투자 진영에는 조지 소로스, 칼 아이칸, 제프리 건들락, 빌 밀러 같은 사람들을 그 예로 들 수 있고요, '실리콘 밸리'로 대표되는 벤처투자 진영에는 폴 그레이엄, 피터 틸, 리드 호프만, 스튜어트 버터필드 같은 사람들을 그 예로 들 수 있습니다. 유명한 투자자들은 자신들의 투자에 어떠한 철학을 적용시켰는지 비슷한 유형끼리 분류하여 설명하였습니다.

5장에서는 「제로베팅게임」, 「빅쇼트」, 「한나 아렌트」 등 몇 개의 영화들을 살펴보면서 그동안 살펴본 내용들을 복습하고 정리하는 시간을 갖습니다.

6장에서는 실용적인 관점에서 철학을 어떻게 공부할 수 있는지에 대해서 설명합니다. 또한 앞으로 공부하면 유망한 분야의 철학에 대해서도 생각해 봅니다. 그리고 책을 읽는 방법과 읽으면 참고가 될 책들도 정리를 하였습니다.

1장

왜
철학을
공부해야 하는가

여러 학문을
공부하는 것의 이점

저는 홍대입구역에 위치한 '대안연구공동체'라는 곳에서 금융·인문학 서적을 공부하는 모임을 이끌고 있습니다. 이 모임에서는 투자와 관련된 주제를 다루되, 인문학적 관점에서 바라볼 수 있는 책들을 선정하여 같이 공부하고 있습니다.

그런데 여러 학문들을 함께 공부한다는 것이 무슨 도움이 되는지, 그리고 그것이 어떤 식으로 이루어지는 것인지 처음에는 잘 이해하지 못하는 경우가 종종 있습니다. 그래서 저는 이 모임에 처음 참석한 분들에게 '찰리 멍거의 격자틀 모형'을 설명 드립니다. 찰리 멍거는 워런 버핏의 친구이자 파트너로 유명하지요. 찰리 멍거의 격자틀 모형은 다음과 같습니다. (책 『현명한 투자자의 인문학』을 참조하여 제가 이해하는 방식입니다.)

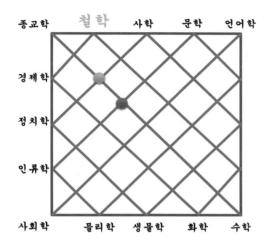

우선 여러 학문들을 공부하고 각 학문들의 핵심적인 지식들을 머리 속에 잘 정리해 둡니다. 그리고 특정한 사안에 대해 판단해야 할 때, 우리는 그 정리되어 있는 지식들에 비추어서 다양한 각도에서 판단할 수 있습니다. 여러 학문의 지식들이 동일한 결론을 말할 때, 그 결론은 비교적 신빙성이 높다고 볼 수 있는 것이지요.

예를 들어 설명하자면 이렇습니다. 마르크스주의에서는 자본주의 체제에서 '독점'은 필연적으로 발생할 수밖에 없는 현상으로 봅니다. 또한 네트워크 과학에서는 네트워크 상에서 가진 자가 더 많은 것을 갖게 되는 '승자독식현상'을 말합니다. 기술주 투자의 관점에서도 선두기업의 '기술선점효과'는 일정시간 지속된다고 봅니다. 실리콘 밸리의 성공한 사업가 피터 틸은 '독점기업'은 치열한 경쟁에서 빠져나와 높은 수익을 거둘 수 있다고 말합니다.

이렇게 독점이라는 현상이 실제 존재하고 또 필연적으로 발생할 수밖에 없으며 독점기업이 높은 수익을 거둔다는 사실을 여러 관점들에서 확인할 수 있다면, 우리는 다음과 같이 결론을 내릴 수 있습니다. '투자의 관점에서 독점에 가까운 기업을 투자 대상으로 삼는 것은 유효한 전략이다'라고 말이지요. (물론 이러한 현상이 옳은 것이냐, 그대로 내버려 두어야 하느냐는 또 다른 차원에서 생각해 봐야 할 문제입니다. 그리고 독점기업을 방지하기 위한 여러 사회적 제도들도 존재하지요.)

만약 우리에게 미리 쌓여진 지식들, 그리고 이를 바탕으로 한 지식모형과 이론이 없다면 하나 하나의 새로운 현상들을 해석하는 데에 에너지가 많이 소모될 것입니다. 매번 경험하는 것들을 마치 처음인 것처럼 해석해야 합니다. 특히 '시장'이라는 천변만화하는 괴물을 상대하면서 정리된 지식이 없으면 안개 속에서 헤맬 수밖에 없습니다. 하지만 찰리 멍거처럼 여러 지식들을 머리 속에 차곡차곡 쌓아간다면 그 지식들을 기준으로 좀 더 선명하게 생각해 볼 수 있는 것이지요.

이런 이야기를 하면 너무 학구적인 느낌이 들기도 합니다. 우리는 유명한 투자자들에게 돈을 벌 수 있는 구체적인 방법을 즉각적으로 배우기를 원하는 것이지요. 하지만 사실 그러한 투자자들 역시 저마다의 이론, 지식모형을 갖고 있다는 것을 알아야 합니다. 앙드레 코스톨라니도 레이 달리오도 조지 소로스도 다 저마다의 지식모형을 갖고 있습니다. (아래의 내용을 참조하시기 바랍니다.) 위대한 투자자들이 말하는 주장에 근본적으로 깔려 있는 지적 관점에 비추어서 구체적인 방법의 의미를 생각하는 것이 우리의 이해도를 더 높여 줄 수 있습니다.

- 그는 **지적인 구조와 전략**을 세우고 매일 매일 일어나는 사건들과 이를 비교하고 평가해 본다. - 앙드레 코스톨라니[1]

- 불황에 대한 **전형적인 모형**을 만들 수 있었고, 그들 사이의 차이점을 파악했다. 이런 접근법은 **사물의 이치**를 이해하는 데 도움이 됐기 때문에, 나는 모든 시장과 경제의 움직임에 동일한 접근법을 적용했다. - 레이 달리오[2]

- **재귀성 이론은** 뉴턴의 물리학만큼 명확한 결과를 제시하지는 못한다. 대신 현실세계의 참여자들이 불완전한 이해를 바탕으로 결정을 내리는 데 따라 발생하는 불확실성을 드러낸다. (중략) 결정론적인 설명이나 예측을 할 수 있는 것이 아니라 인간이 참여자로 관계하는 사건을 이해하는 데 **개념적인 틀을 제시**할 뿐이다. - 조지 소로스[3]

한편 모형이나 이론을 통해 현실을 보는 것은 현실을 왜곡시킬 수도 있습니다. 이를테면 이론에 맞추어서 생각하고 현실을 이론에 껴맞추는 것이지요. 또한 이러한 태도는 과거의 생각에 사로잡혀 새로운 생각들을 원천적으로 봉쇄할 수도 있습니다.

　반면 앞으로 설명하겠지만 현상학/해석학의 유파는 어떠한 모형, 이론, 가설을 미리 전제하지 않고 현실을 있는 그대로 보고자 노력합니다. 어떠한 선입견도 없이 말이지요. 이렇게 이론, 선입견 없이 현실 그 자체를 탐구하고자 하는 노력도 사실 하나의 이론이고 방법론이라고 볼 수 있을 것 같습니다. 즉 선입견 없이 탐구하고자 하는 현상학/해석학 또한 여러 학문의 방법론들 중의 하나인 것이지요.

　반대로 이야기하자면 여러 학문들을 공부해서 쌓아가는 정신의 격자틀 모형은 선입견 없이 현실을 탐구하고자 노력하는 유파까지 포함하는, 좀 더 포괄적이고 광범위한 것이라고 이해하시면 되겠습니다.

철학을
공부하는 것의 이점

여러 학문들을 공부하는 것의 이점에 대해서 말씀 드렸습니다. 그러면 다음으로 철학을 공부하는 것의 이점에 대해서 설명을 드리겠습니다.

먼저 많은 학문들이 철학에 기반하고 있다는 점을 말씀 드리고 싶습니다. 사실 옛날 옛적에는 철학자가 곧 과학자고, 또 수학자였습니다. 철학은 지금의 분과학문으로서의 협소한 철학이 아니었고 여러 학문들을 포함하는 광범위한 것이었습니다. 그렇기 때문에 개별 학문들의 지류를 거슬러 올라가 학문들의 원형이 살아 숨쉬는 본류의 흐름들을 만나고자 할 때, 철학을 통과하지 않을 수 없습니다.

두 번째, 철학 내에는 과학, 수학, 논리학과 좀 더 친밀한 유파(실증주의/합리주의)도 있고 문학, 역사학, 종교학, 예술과 좀 더 친밀한 유파(현상학/해석학)도 있습니다. 정치경제학, 정치철학, 사회철학과 친밀한 유파(비판이론/후기-구조주의)도 있지요. 따라서 철학을 통해서 여러 학문들의 전선을 조망해 보고 통합적이고 거시적으로 생각할 수 있다는 것도 큰 장점이 아닐까 싶습니다.

세 번째, 철학은 근본적으로 '물음을 던지는 학문'입니다. 철학을 공부하면서 물음을 던져 보고 또한 물음에 답하는 과정은 매우 중요합니다. 물음을 던지면 물음 속에서 여러 현상들을 생각해 보게 됩니다. 이것은 마치 번개와도 같습니다. 번개가 치면 세상이 환하게 비춥니다. 물음을 받으면 잠잠히 수면 아래 있었던 사고엔진이 다시 고개를 들고 활발하게 돌아가기 시작합니다.

미국 실리콘 밸리의 성공한 사업가들 중에 왜 철학을 공부한 이들이 많을까요. 실리콘 밸리에서는 최초의 사업을 진행하는 일이 많지요. 단순히 모방하는 것이 아니라 새로운 시도를 많이 하는 곳입니다. 그런 의미에서 전세계 벤처, 스타트업들에게 기준이 되는 시장입니다. 새로운 것을 만든다는 것은 문제를 제대로 설정할 수 있느냐와 큰 관련이 있습니다. 이 세상에 비어 있는 부분, 채워지지 않은 부분, 불편한 것들을 발견해 내는 것이지요. 최초에 아무도 구체화시키지 못한 어떠한 문제를 설정하는 것은 창조적인 자들이 할 수 있는 일입니다.

철학이 물음을 던지는 것이고 스타트업의 성공이 정확한 문제설정에서부터 시작한다는 점에서 볼 때 물음이 이 두 세계의 연결고리 역할을 합니다. 그런 의미에서 철학을 통해 물음을 던지고 답해 보는 트레이닝을 거친다면 투자와 사업의 세계에서도 제대로 된 물음을 던지고 문제설정을 하는 데 도움이 될 수 있습니다.

네 번째, 철학은 근본원리를 개념을 통해서 탐구하는 학문입니다. 개념으로 현상을 파악하고 생각하는 훈련이 되어 있다면 새로운 지식을 뇌 안에 어느 공간에 위치시킬지 준비가 잘 되어 있다고 볼 수 있습니다. 또한 철학은 근본원리를 탐구하기 때문에 철학적으로 생각하는 훈련을 통해서 우리는 새롭게 얻는 지식들의 한계와 가능성을 빠르게 파악할 수 있습니다. 예컨대 투자(혹은 경영이나 기술)의 개념을 받아들이고 투자이론이 어떠한 철학적 전제 위에 서 있는지 확인할 수 있도록 도와줍니다.

이것은 '융합적'이라고 표현하기 보다는 투자, 경영, 기술의 본질을 '더 잘 알 수 있게 해 준다'는 말이 적합할 것 같습니다. 본질을 잘 알 수 있게 된다는 것은 그것의 '가능성과 한계' 또한 더 잘 알 수 있게 된다는 말입니다. 그런 의미에서 경영학, 경제학, 공학, 기술과 관련된 학문을 공부하고 여러 실용의 영역에서 활약하는 사람들이 철학을 추가적으로 공부하면 많은 혜택을 누릴 수 있다고 생각합니다.

지금까지 철학을 공부하는 것의 유용성을 말씀 드렸는데 철학을 꼭 별개의 학문으로 볼 필요는 없다고 생각합니다. 만약 한 물리학자가 물리현상에 대해서 개념적으로 근본원리를 성찰한다면, 그것이 철학을 하는 것인지 물리학을 하는 것인지 경계가 애매하다고 볼 수 있겠습니다.

실제로 양자역학을 연구한 학자들의 고군분투를 보여주는 하이젠베르크의 『부분과 전체』라는 책을 보면 학자들이 단순히 물리학을 이야기하는 것이 아니라 철학, 그중에서도 특히 형이상학을 말하고 심지어는 종교적 영역까지 논의를 확대하는 모습을 볼 수 있습니다.

지금 우리는 분과학문의 테두리 내에서 생각하는 것에 익숙해져 있지만 개별학문의 극에 도달하면 결국 학문 간의 경계를 무너뜨려서 생각해야 하는 지점이 있는 것 아닌가 싶습니다. 그리고 그 경계가 무너진 자리에서 철학은 아래로 깔려서 통합적으로 사안을 바라보게 하는 역할을 해 줄 수 있습니다.

'좋다, 그래 철학을 공부하는 것의 이점을 알겠다, 그런데 철학자들이 너무 많지 않은가.'라는 질문이 나올 수 있겠습니다. 또한 '여러 철학들을 공부하는 것이 투자, 기술과 같은 각자의 전문분야 지식을 공부하는 것에 비해서 효율적인가' 하는 질문도 있을 수 있습니다. 강연에서 들은 이야기입니다마는 한 철학교수님께서 그러시더군요.

'플라톤 한 철학자를 제대로 공부하려면 평생이 걸려도 모자란다고 볼 수 있다. 그렇게 공부하면 고대철학을 벗어나서 현대철학을

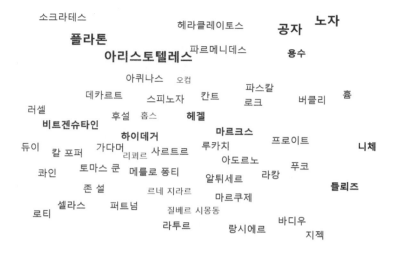

공부할 수가 없다.'

저는 이 이야기를 대충 핵심 아이디어만 공부하고 넘어가야 한다는 뜻으로 받아들였습니다. 그렇지 않겠습니까. 인류의 지식은 누적적으로 쌓여 가는데 인간의 두뇌는 태어날 때마다 처음부터 배워야 하니 말이지요.

철학 중에서 분명히 많은 사람들의 관심을 받고 많은 학자들이 연구하는 흐름들이 있습니다. 어차피 다 공부하는 것은 불가능하기 때문에 주요한 학파의 핵심적인 아이디어를 공부하면 비교적 짧은 시간 안에 유용한 지식들을 공부할 수 있지 않을까 싶습니다. 특히 우리의 관심사인 투자와 관련 지어 공부를 하면 좀 더 재미도 있고 효율적이지 않을까 싶습니다.

3

투자에의 적용

　이 책은 구체적인 투자전략보다는 좀 더 근본적인 것에 포커스를 맞추고 있습니다. 투자전략 이전에 확립되어야 하는 지식모형에 관해서 살펴보려고 합니다. 추상적인 개념들을 다루지만 저는 이러한 것들이 구체적인 전략의 기초라고 생각합니다.

　여러 투자전략들이 있습니다. 그리고 투자전략은 기본적으로 전제하고 있는 지식모형이 있습니다. 물론 한 투자자가 하나의 지식모형을 정확하게 구분해서 사용하는 것은 아니고 여러 가지의 지식모형을 혼용해서 사용하지만 지배적인 지식모형은 존재합니다.

　예를 들어 가치투자에서는 효율적 시장가설을 받아들이지 않습니다. 시장이 정보를 항상 즉각적으로 반영하여 균형상태에 있게 된다는 효율적 시장가설을 받아들인다면 일시적인 시장 불균형(가격과 가치의 괴리)을 이용하는 가치투자는 논리적으로 불가능한 법입니다. 반면 효율적 시장가설을 받아들이는 쪽에서는 어차피 시장 움직임은 무작위적(random work)이고 예측할 수 없기 때문에 자신의 판단에 의해서 적합한 시기에 매수했다가 적합한 시기에 매도하는 것은 불가능하다고 봅니다. 즉 이들은 '마켓 타이밍'은 지양하고 대신에 적절하게 자산을 분배하여 포트폴리오를 구축하는 데에 힘을 쏟습니다.

또한 지식모형은 대개 특정한 세계관에 근거합니다. 어떠한 세계관을 갖는지에 따라서 지식모형이 달라집니다. 물리학으로 세계를 바라보는 사람은 주식시장을 항상 합리적인 인간들이 균형점을 찾아가는 과정으로 볼 것입니다. 생물학으로 세계를 바라보는 사람은 주식시장을 항상 역동적으로 진화하는 과정으로 볼 것입니다. 결국 이 세계관들로부터 '인간을 합리적으로 볼 것인가 아니면 좀 더 본능에 충실한 것으로 볼 것인가' 혹은 '시장을 효율적으로 볼 것인가 아니면 비효율적으로 볼 것인가'에 대한 대답이 달라질 것이고 그 관점에 따라 구체적인 방법론과 전략이 수립될 것입니다.

참고로 '효율적 시장'이라는 개념은 정보와 시장의 관계를 일컫는 말입니다. 어떤 정보가 시장 참여자들에게 빨리 전파가 되고 시장에 즉각적으로 반영이 되면 효율적 시장입니다. 반면 어떤 정보가 소수의 참여자들에게 독점되며 그 정보를 이용해서 수익을 거둘 수 있으면 비효율적 혹은 효율적이지 않은 시장이라고 보면 됩니다.

일반적으로 주식시장과 채권시장은 비교적 효율적 시장이라고 볼 수 있습니다. 주식과 채권에 대해서 많은 참여자들이 접근할 수 있고 정보가 많이 공개되어 있습니다. 쉽게 말해서 같은 물건이 많은 분석가들에게 노출되어 있으며 이들이 정보반영을 효율적으로 만듭니다.

부동산, 벤처, 특허 시장은 상대적으로 덜 효율적인 시장이라고 볼 수 있습니다. 하나의 물건에 대한 정보의 집중도가 낮습니다. 즉 투자대상에 대한 정보가 상대적으로 절연되어 있습니다. 그러므로 하나의 물건에 대해서 알려져 있지 않은 정보들이 있을 수가 있고 그 정보들을 이용하면 추가적인 수익을 거둘 수 있습니다.

즉 효율적 시장과 비효율적 시장의 차이점은 정보의 공개성, 그 공개된 정보에 접근하는 참여자들의 수에 달려 있다고 볼 수 있습니다. 주식시장이더라도 대기업들이 상장되는 코스피 시장은 초기기업이 상장하는 코넥스 시장보다 기업들에게 더 많은 정보를 요청합니다. 그러한 정보를 수집하고 가공하고 분석해서 전달하는 조직들도 많고 또한 참여자들의 수도 많아서 정보가 상대적으로 빠르게 전파됩니다. 따라서 좀 더 효율적이라고 볼 수 있습니다.

하여간 효율적 시장이라는 것이 존재한다면 그 시장에서는 정보가 즉각적으로 반영되기 때문에 시장평균수익률을 초과하는 수익을 누리는 것이 어렵습니다. 반면 비효율적 시장에서는 인력과 자금을 들이고 특별한 전략을 사용하면 시장평균수익률을 초과하는 수익을 거둘 수 있게 되는 것입니다.

1. 여러 학문을 공부하는 것의 이점

여러 학문들의 주요한 지식들을 공부하고 머리 속에 정리해 두면 어떤 새로운 사안에 대한 판단이 빠르고 좀 더 정확할 수 있습니다.

----

2. 철학을 공부하는 것의 이점

철학을 공부하면 학문들의 원형들을 확인해 볼 수 있으며 여러 학문들을 좀 더 거시적인 관점에서 버무려서 접근할 수 있습니다. 또한 물음을 던져 보고 비판하며 개념들을 통해 근본적인 것들을 성찰하는 태도 혹은 힘을 갖게 됩니다.

----

3. 투자에의 적용

철학과 투자가 어떻게 만나는지 설명하는 이 책은 투자의 전략적 측면보다는 투자 전략이 기대고 있는 지식모형에 대한 근본적인 성찰을 도와줄 것입니다.

2장

철학을
만나 보자

철학의 역사

먼저 서양 철학의 역사를 아주 초스피드로 살펴보겠습니다. 앞으로의 설명을 듣기 전에 그 배경을 이해하기 위해서 대강 흐름 정도만 보시면 될 것 같습니다. 철학에 관심이 생기신 분들은 철학사 책을 공부해도 좋을 것이고 요즘에는 온라인 강의도 많기 때문에 이를 활용해도 좋을 것입니다.

서양철학은 보통 고대 그리스 철학에서 시작합니다. 탈레스, 헤라클레이토스, 파르메니데스 등 여러 철학자들이 있지만 소크라테스, 플라톤, 아리스토텔레스가 누구보다 중요하지요. 특히 플라톤에 대해서는 후대의 철학자 화이트헤드가 이런 말을 했습니다. "서양철학은 플라톤 철학에 대한 각주이다." 그 정도로 플라톤이 중요하다는 이야기입니다. 플라톤은 '이데아'를 말합니다. 이 세상은 불완전하고 이데아의 세계가 완전하다는 관점을 취하지요. 무언가 우연적인 현상들을 뛰어넘는 초월적이고 합리적인 것들이 존재한다고 본 것이 플라톤입니다.

그 다음 중세 철학이 있습니다. 일반적으로 중세시대는 신이 중심이 된 시대였기 때문에 인간 이성에 기반한 철학은 발전하지 못하였다고 생각하기 쉽습니다. 하지만 실제로는 그 시대 나름의 철학이 풍성하게 진행이 되었다고 하지요. 특히 이성과 신앙의 관계를 놓고 논쟁이 크게 벌어지기도 하였습니다.

그 다음 근대 철학의 시대가 옵니다. 근대철학은 인간이 주체가 된 시대의 철학이며 또한 합리적인 사고방식을 그 특징으로 합니다. 근대철학과 관련해서는 '주체', '합리성'이라는 두 가지 큰 특징을 머릿속에 기억하시면 됩니다.

우선 근대 철학은 데카르트(1596~1650)부터 시작합니다. 데카르트의 '나는 생각한다, 고로 존재한다'는 말은 너무나 유명하지요. 데카르트는 신이 중심이 아니라 인간이 중심이 된 철학적 세계관을 열었습니다. 이제 지식을 아는 것은 인간 이성의 역할입니다. 신이 지식을 알려주거나 지식의 최종근거가 되는 것이 아닙니다. 그렇기 때문에 데카르트는 중세 시대를 뛰어넘는 근대 철학의 분기점이 되었습니다.

데카르트가 개시한 근대 합리론의 맥은 스피노자(1632~1677), 라이프니츠(1646~1716) 등으로 이어집니다. 흔히 범신론, 일원론으로 알려진 스피노자는 근대철학적 맥락에서도 중요하지만 현대철학자인 니체, 들뢰즈에게 많은 영향을 주었다는 점에서 중요한 철학자입니다. 라이프니츠도 중요한 철학자라고는 하는데 한국에서는 상대적으로 좀 홀대당하는 경향이 있는 듯합니다.

　반면 영국에서는 합리론과 대비되는 경험론이 대세를 이룹니다. 로크(1632~1704), 버클리(1685~1753), 흄(1711~1776)을 흔히 영국 경험론의 3대장으로 뽑지요. 이러한 경험론에 있어서 인간의 두뇌는 '빈 서판'과도 같습니다. 타고난 지식은 없고 오직 경험적인 지식으로 채워 나갈 뿐이지요. 경험적인 지식만을 추구하다 보면 경험과 상관 없이 존재하는 어떤 객관적인 실체나 주체 같은 개념들은 모두 부정하게 됩니다. 결국에 흄에 이르러서는 인간은 '관념의 다발'에 불과하다는 생각에 이르게 됩니다. 오직 개별적인 경험들만 존재하는 것이고 절대적이고 보편적인 법칙은 사라지게 되는 것이지요.

　이때 합리론과 경험론을 종합한 철학의 거장이 나타납니다. 그가 바로 칸트(1724~1804)입니다. 칸트는 경험도 중요시하지만 경험을 받아들이는 인간 사고의 틀을 전제하기에 합리론의 성격도 갖습니다. 그리고 칸트가 전개한 논의의 바탕 위에서 피히테(1762~1814), 셸링(1775~1854), 헤겔(1770~1831) 같은 철학자들이 나오게 됩니다. 헤겔에서 근대철학은 완성되었다고 하지요.

　그리고 나서 현대 철학으로 넘어오게 됩니다. 현대 철학으로 넘어오면 인간 주체의 개념은 완전히 붕괴됩니다. 인간의 의식은 무의식으로 대체되고 인간 주체 대신에 물질적 토대를 이야기하기 시작합니다. 이제 주체는 사라지고 구조가 그 자리를 차지합니다. 시간이

지나면 그 구조조차도 해체되어 버립니다.

이 책에서 주로 사용하는 철학적 분류는 현대철학의 흐름을 기초로 합니다. 현대철학의 흐름은 크게 유럽 대륙의 철학과 영미분석철학 쪽의 철학이 대비됩니다. 유럽 대륙의 철학은 전통적으로 독일철학이 중요한 역할을 했지만 나중에는 프랑스의 철학이 크게 번성합니다.

먼저 독일로 가 보겠습니다. 마르크스(1818~1883), 니체(1844~1900), 프로이트(1856~1939)는 근대철학의 개념들을 뿌리에서부터 흔들어 전복시키는 3대장입니다. 마르크스, 니체는 독일 출신이고 프로이트는 그 옆 나라 오스트리아 출신입니다. 마르크스와 프로이트의 영향을 받은 프랑크푸르트 학파는 '비판이론'이라는 이름으로 연구를 이어갑니다. 한편 현상학과 해석학 연구로 많은 현대 철학자들에게 영향을 준 철학자 에드문트 후설(1859~1938)과 마르틴 하이데거(1989~1976) 역시 독일에서 활약합니다.

프랑스에서는 소쉬르(1857~1913)의 언어학에서 출발하여 레비스트로스(1908~2009), 자크 라캉(1901~1981), 미셸 푸코(1926~1984), 루이 알튀세르(1918~1990) 등의 학자들이 구조주의 사상을 꽃피웁니다. 그리고 다시 구조주의를 비판 계승하는 후기-구조주의가 등장하게 되지요. 자크 데리다(1930~2004), 질 들뢰즈(1925~1995), 장 보드리야르(1929~2007), 피에르 부르디외(1930~2002) 등이 활약합니다. 푸코는 후기-구조주의로 분류되기도 합니다.

영국경험론의 전통 하에서는 영미분석철학이 싹트고, 다시 과학철학으로, 또 심리철학으로 계보가 이어집니다. 영미분석철학에서는 러셀(1872~1970)의 제자인 비트겐슈타인(1889~1951)이 중요한 역할을 합니다. 비트겐슈타인의 전기 철학은 빈 학파의 논리실증주의에 영향을 주었고 후기 철학은 일상언어학파에게 영향을 줍니다. 한편 미국의 철학자 콰인(1908~2000)은 20세기 전반 과학철학의 패러다임을 꽉 잡고 있었던 논리실증주의를 박살내고자 시도합니다. 또한 토마스 쿤(1922~1996) 역시 논리실증주의를 비판하는 콰인과 맥을 같이 하면서 새로운 과학철학을 들고 나옵니다.

이 책에서 앞으로 설명하는 철학은 현대철학에 좀 더 포커스를 맞추고 있습니다. 첫 번째로 설명할 실증주의/합리주의는 영미분석철학과 많은 관련이 있다고 보시면 됩니다. 두 번째 현상학/해석학은 독일 철학자들이 많이 활약하였습니다. 세 번째 비판이론/후기-구조주의에서 비판이론은 독일의 프랑크푸르트 학파가 활약을 하였고 후기-구조주의는 프랑스 철학자들이 주로 활약을 하였다고 보시면 되겠습니다.

그리스 철학
소크라테스, 플라톤, 아리스토텔레스

중세철학

근대철학

합리론
데카르트
스피노자
라이프니츠

경험론
로크
버클리
흄

독일 관념론
칸트
셸링, 피히테
헤겔

현대철학

프랑스

독일

영미

구조주의

현상학

분석철학

후기-구조주의

해석학

과학철학

비판이론

심리철학

실증주의/합리주의

이 책에서는 실증주의/합리주의, 현상학/해석학, 비판이론/후기-구조주의의 틀로 현대철학을 분류하고 있습니다. 또한 이러한 틀로 투자자들을 해석하는 작업이 이어질 것입니다.

먼저 가장 먼저 소개 드리고 싶은 철학은 실증주의/합리주의 계열의 철학입니다. 이 철학은 과학, 논리학, 수학과 친숙한 관계를 유지합니다. 사실 이 철학은 서양 역사에서 핵심적인 역할, 즉 주류의 역할을 하기도 하였습니다. 그리고 현대의 발전한 과학기술, IT기술 등은 모두 이 철학을 배경으로 하지요. 투자의 세계에서도 가장 지배적인 위치를 차지하고 있습니다.

이 계열의 철학에서 보여지는 커다란 특징 두 가지가 있습니다. 경험을 중요시한다는 것 하나와 세상에는 논리적 구조가 있다고 믿는 것 하나입니다.

▶ 경험적 기초

먼저 경험적 측면을 설명하자면 이렇습니다. 우리는 과학적 사고의 영향을 많이 받은 시대를 살고 있기 때문에 경험을 중요시하는 경향이 강합니다. 그러나 과거로 역사의 시계추를 조금만 되돌려 보면 경험세계를 넘어선 종교적 영역이 현실세계를 장악하고 있었습니다. 중세시대를 떠올려 보시면 될 것 같습니다.

그런데 영국 쪽에서 발전한 경험주의는 인간이 경험하는 것 이상의 것들을 더 이상 이야기하려 하지 않습니다. 오직 경험되는 것만이 존재한다는 식의 태도를 취하지요. 이러한 사상은 과학의 영역으로 넘어와서 실험과 관찰에 의해 확인된 사실만을 받아들이는 형태를 띠게 됩니다. 반대로 종교, 윤리 같은 것들은 직접적으로 경험되지 않는 것이므로 과학이나 철학의 대상으로 적절하지 않은 것이지요.

엄격하게 경험을 중요시하는 쪽에서는 원인과 결과의 법칙, 즉 인과법칙을 아예 믿지 않습니다. 이 세상에 어떠한 확고부동한 법칙이 존재하여 우리의 경험들을 관할한다는 관점을 믿지 않습니다. 이 세상의 경험들은 그저 흘러가는 현상들일 뿐입니다. 따라서 실재의 세계 혹은 이데아의 세계가 따로 존재한다고 본 플라톤의 관점은 배척하지요.

경험을 중요시하는 관점은 자연세계를 다루는 과학을 넘어서서 인간 세계에까지 확장이 됩니다. 즉 인간에 대해서도 실증하고 측정할 수 있는 것에 포커스를 맞추는 것이지요. 따라서 인간의 모든 것이 수량화, 정량화됩니다. 즉 경험주의는 현대에 들어와서 실증주의로 발전합니다.

최근의 빅데이터 방법론도 이러한 실증주의와 연결되어 이해되기도 합니다. 빅데이터 방법론에서는 어떠한 이론을 먼저 설정하고 그 이론에 따라 데이터를 수집하여 결론을 내리지 않습니다. 그저 다량의 데이터를 확보하기만 하면 '그 데이터가 스스로 말한다'는 관점을 취하지요.

물론 따지고 보면 데이터 수집을 결정하는 것은 어차피 인간입니다. 따라서 '어떤 선입견이나 인간적 관점을 벗어난, 완전히 객관적인 경험 데이터라는 것은 있을 수 없다'는 것이 현재의 중론이기도 합니다.

▶ 논리적 구조, 합리성

서양전통에서는 경험주의보다 어쩌면 더 지배적이라고 할 수 있는 특징이 있습니다. 바로 '이 세계에는 질서가 존재한다는 생각'입니다. 여기에서 질서라는 것은 체계가 있다, 혹은 법칙이 있다, 혹은 논리적, 수학적 구조가 있다는 뜻입니다. 이 세계에 질서, 즉 법칙이 존재하고 그 법칙을 확인시켜 주는 것은 감각적인 인식이 아니라 논리, 수학 등 인간의 이성적 도구라는 관점이지요. 이 세계가 어떤 이치를 갖고 있다. 아무렇게나 놓여져서 제멋대로 움직이는 것이 아니다라는 점에서 '합리적'이라고 표현할 수 있을 것입니다.

이것은 자연세계에만 국한되지 않습니다. 인간세계에도 똑같이 적용될 수 있습니다. 인간세계도 질서 잡혀 있는 것이지요. 그것은 인간 자체가 합리적이기 때문에 그렇습니다. 합리적인 인간들이 모여서 사회를 이루었으니 그 사회도 합리적인 것이지요. 그리고 하나하나의 인간들이 자연세계의 합리성과 결을 같이 하여 움직입니다. 실제로 20세기 초 논리실증주의자들이라는 일군의 학자들은 자연과학을 연구하는 방법들을 그대로 가져와서 인간사회에도 적용시키려는 노력을 하게 됩니다. 이른바 통일과학운동이라는 것입니다.

이러한 생각은 많은 전통적인 경제학이나 금융이론이 전제하고 있는 것입니다. 이들이 보기에 인간은 합리적입니다. 따라서 인간이 만들어 내는 사회현상과 경제현상, 더 포커스를 좁히면 주식시장도 모두 합리적으로 움직인다는 생각으로 연결될 수 있지요. 합리성이 수학적, 논리적 구조를 띤다는 점을 생각하면 인간사회를 파악하는 데 있어서도 수학공식, 논리학을 동원하면 될 일입니다.

▶ 실증주의/합리주의의 계보

실증주의의 세부적인 계보를 제가 이해하는 방식은 다음과 같습니다. 실증주의는 우선 합리주의 계보에 속한다고 볼 수가 있습니다. 그래서 이 책에서는 내내 실증주의/합리주의라고 굳이 뒤에 합리주의를 붙여서 부릅니다.

　고대의 합리주의는 그리스 철학에서 확인할 수 있습니다. 합리주의가 누구로부터 시작했느냐에 대해서는 사람마다 분류가 조금씩 다를 수 있겠지만 플라톤은 확실하게 합리주의의 전형이지요. 중세 시대의 합리주의는 기독교의 신이 모든 관념을 인간에게 불어넣어 줬다는 방식으로 생각이 이어집니다. 근대의 합리주의는 데카르트, 스피노자, 라이프니츠를 거쳐서 발전합니다.

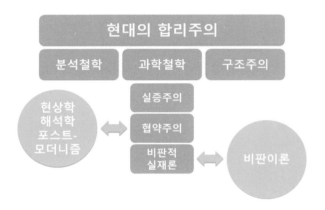

　근대의 합리주의는 경험적 정보를 인정하지 않으려 하지만 현대의 합리주의는 경험과 이성, 두 측면을 모두 인정합니다.

　현대의 합리주의는 과학철학, 분석철학, 구조주의 등을 포함합니다. 다시 과학철학의 흐름은 실증주의, 협약주의, 비판적 실재론의 순으로 발전을 하게 됩니다. 도식화하면 첫 번째로 현대의 합리주의 ⊃ 과학철학, 분석철학, 구조주의이고 두 번째로 과학철학 ⊃ 실증주의, 협약주의, 비판적 실재론입니다.

여기서 협약주의는 과학적 사실들의 객관성보다는 그 사실들을 해석하는 인간의 주관성을 인정한다는 점에서 실증주의/합리주의와 대척점에 서 있는 현상학/해석학의 계보로 분류할 수도 있습니다.

또 인과메커니즘(현상의 이면에 존재하는 원인과 결과의 관계를 추적)을 주장하는 비판적 실재론은 역시 인과메커니즘의 주장을 받아들이는 비판이론의 계보와도 연결이 됩니다.

이런 복잡하게 형성된 전선을 다시 표현하자면 이렇습니다. 현대의 합리주의는 과학철학이라는 분야를 태동시키고 발전시켰습니다. 그리고 20세기 초반 과학철학의 패러다임은 실험데이터, 관찰데이터를 중요시하는 실증주의자들이 꽉 잡고 있었습니다.

그 후 현상학/해석학의 영향을 받은 포스트모던적인 사조가 유행하게 되고 과학철학에서도 비슷한 사조를 보이는 유파가 형성이 됩니다. 즉 과학적 사실에는 이미 이론적 관점이 반영되어 있으며, 따라서 '과학적 사실은 완전히 순수하게 객관적이지 않다'라고 주장하는 토마스 쿤 같은 과학철학자들이 등장하는 것이지요.

그리고 좀 더 나아가서 이 세계에는 우리가 직접 관찰할 수는 없지만 존재하는 영역이 있다, 좀 더 근원으로 파고 들어야 한다는 비판적 실재론도 발전하게 되지요.

이런 복잡성에 대한 제 생각은 이렇습니다. 우리는 어떤 생각들의 흐름들을 개념화하고 분류하지만 하나 하나의 생각들은 여기저기 걸쳐놓을 수 있는 것이지요. 즉 우리는 이해를 위해서 명확하게 갈라놓기를 원하지만 실제 지식의 분포는 좀 더 복잡하고 역동적일 수 있는 것입니다.

▶ 칼 포퍼의 반증주의

실증주의를 설명할 때 칼 포퍼의 반증주의를 빼놓을 수 없습니다. 칼 포퍼는 조지 소로스, 나심 탈레브 등 여러 투자자들이 추종하는 철학자입니다. 특히 조지 소로스와 나심 탈레브는 칼 포퍼 철학의 '열린 개념'을 받아들입니다. 이 세상의 모든 일들이 확정적인 것은 없고 변화하는 과정 속에 있다는 것을 인식해야 한다는 것이지요.

칼 포퍼는 검증주의를 선택한 논리실증주의를 비판하면서 대신 반증주의를 들고 나옵니다. 하나의 가설을 지지하는 아무리 많은 관찰사례들이 있어도 단 하나의 반증사례만 있으면 그 가설은 무너진다는 것이지요. 그러므로 무수히 많은 경험적 사례들이 존재하더라도 이들은 연역적으로 확증할 수 없습니다.

이것이 투자에 있어서 갖는 의미는 이렇습니다. 상당수의 현대 투자전략들이 통계적 확률 데이터를 근거하고 있는데, 이게 실증주의자들의 검증주의와 다를 것이 없다는 것이지요. 하나의 투자의견을 뒷받침하는 많은 관찰사례들이 발견되면, 그 투자의견은 타당한 것으로 인정되곤 합니다. 하지만 실제 세상에서는 갑자기 시장이 예상하지 못한 방향으로 움직인다던가 하는 통계적 예외현상이 자주 발생하여 기존의 이론적 작업들을 모두 부숴 버립니다.

재미있는 것은 나중에 실증주의 진영에서는 칼 포퍼의 반증주의를 인정하고 실증주의의 체계 안으로 받아들였다는 것입니다. 즉 현대의 실증주의는 칼 포퍼의 반증주의까지도 포함합니다.[4]

▶ 토마스 쿤의 과학혁명의 구조

토마스 쿤의 과학철학은 칼 포퍼의 과학철학과 비교해서 많이 설명이 되기 때문에 잠시 살펴보겠습니다.

토마스 쿤은 학문적으로도 큰 획을 그었지만 현실세계의 투자자, 사업가들에게도 많은 깨달음을 준 과학철학자입니다. 토마스 쿤의 대표작인 『과학혁명의 구조』는 페이스북의 CEO인 마크 주커버그가 추천한 바 있습니다. 토마스 쿤이 생각하는 과학혁명의 구조는 다음과 같습니다.

하나의 과학 패러다임이 세상을 지배합니다. 그리고 여러 과학자들은 그 패러다임 하에서 연구작업을 수행합니다. 즉 거대한 패러다임으로 골격이 세워져 있다면 그 골격 사이 사이에 근육과 혈관을 가져다 붙이면서 그 패러다임을 정당화시키는 작업을 합니다. 이런 과학을 '정상과학'이라고 합니다.

그러다가 기존의 과학이론으로는 설명할 수 없는 이상한 일들이 발견되고는 합니다. 기존의 과학자들은 설명할 수 없는 현상들을 일단 그대로 내버려 둡니다. 그러다가 선입견에 물들어 있는 선대의 과학자들이 다 물러나고 완전히 새로운 젊은 과학자들이 나타나서 그 이상한 현상들을 설명할 수 있는 새로운 과학 이론을 만들어 냅니다. 그리고 그 이론이 새로운 시대의 패러다임으로 등극합니다.

『과학혁명의 구조』의 목차를 보면 그 과정이 일목요연하게 보이는데요, 이 책의 목차만이라도 한번 머릿속에 기억하시면 도움이 되실 것 같습니다.

그러면 칼 포퍼와 토마스 쿤 철학의 차이점은 무엇일까요. 칼 포퍼의 과학철학에서는 대담하게 가설을 제시합니다. 그리고 오류가 없는 한 한시적으로 진리의 역할을 합니다. 그러다가 오류를 발견하면 기존의 이론을 수정하게 됩니다. 반면 토마스 쿤의 과학철학에서는 일단 오류를 그냥 남겨 두고 기존의 이론을 포기하지 않습니다. 오류들이 차곡차곡 많이 쌓인 후에 다음 패러다임이 혁명적으로 도래할 수 있습니다. 그리고 새로운 이론을 만들어 내는 것은 기존의 선배과학자들이 아니라 새로운 과학자들이 등장함으로써 가능해집니다. 토마스 쿤은 젊은 시절 마르크스 철학을 공부했기 때문에 그의 과학이론이 변증법과 연결해서 이해될 수 있다는 점도 참고하면 좋을 것 같습니다.

3

현상학/해석학

그 다음으로는 현상학/해석학 계열의 철학을 소개하겠습니다. 이유파는 기본적으로 인간을 수량화하는 것을 매우 싫어합니다. 인간은 공장 속에서 생산되는 그저 부품 같은 존재가 아닌 것이지요. 본격적으로 이 유파에 대해서 설명하기 이전에 몇 가지 이해를 돕는 예를 들어 보겠습니다.

한국의 대표적인 MC라고 하면 강호동, 유재석, 신동엽을 뽑을 수 있습니다. 그런데 이들을 만약 '인간 3명' 혹은 'MC 3명'이라고만 표현한다면 그것이 충분한 정보를 전달하고 있는 것일까요. 물론 그것은 틀림 없는 사실입니다. 3명 맞지요. 그러나 그 한 사람 한 사람을 오랫동안 살펴볼 때 우리가 얻을 수 있는 기쁨들은 그 숫자 속에서 보여지지가 않습니다. 힘차면서도 귀여운 강호동, 상대를 잘 배려하고 때로 깐족거리면서 웃기는 유재석, 19금 개그를 잘하는 신동엽 등 우리가 자세히 그리고 오랫동안 상대를 관찰할 때 얻게 되는 지식이 있습니다.

또 오래 전 MBC「무릎팍 도사」라는 프로그램에 배우 최민수 씨가 나와서 이런 말을 한 적이 있습니다. 누가 자신에게 나이를 물을 때 이렇게 대답을 한다고 합니다. "나는 '마흔 다섯'이라고 말을 하지 않소. 대신 이렇게 얘기합니다. '나는 태어나서 첫눈을 마흔 다섯 번 맞아 봤다'라고 얘기를 하오."[5] 이 말을 듣고 원래 최민수 씨의 뜻인지는 모르겠지만 저는 이런 생각이 들었습니다. 마흔 다섯이라고 했을 때는 그저 '숫자 45해를 살았구나'라는 느낌을 주지만 첫눈을 마흔 다섯 번 맞아 봤다는 표현은 그 사람이 봄, 여름, 가을, 겨울 반복되는 순환을 마흔 다섯 번을 맞이하면서 삶을 살았다는 더 풍부한 느낌을 줍니다. 즉 마흔 다섯 살이라는 물리적 나이를 설명하는 것이 아니라 그가 마흔 다섯 해를 살아왔다는 그의 인생, 경험을 이야기하는 느낌입니다.

또 다른 예로 우리가 어릴 때 식사를 하지 않는 대신에 알약 하나 먹으면 한 끼를 먹은 것과 같은 효과를 내는 그런 약을 상상해 보지 않습니까. 물론 알약 하나로는 어렵겠지만 영양학적으로 잘 설계된 보충제 같은 경우에는 충분히 한 끼를 대체할 수 있겠지요. 하지만 이런 알약은 은은한 조명 아래에서 숯불에 잘 그을려진 고기를 식탁 위에 쌓아 놓고 포도주를 곁들이는 저녁식사의 풍미를 대신할 수는 없을 것입니다.

마지막으로 철학에서 자주 드는 설명입니다. '샛별'과 '금성'은 자연과학적으로는 동일한 것을 가리킵니다. 그러나 문학적인 정취를 느끼게 하는 샛별이라는 단어가 주는 기분과 금성이라는 단어에서 느낄 수 있는 객관적이고 건조한 분위기는 완전히 다른 경험을 준다고 볼 수 있지요.

이런 예들을 머릿속에 담고 다음을 읽으시면 좀 더 이해가 편하실 겁니다. 현상학을 설명하기에 앞서 먼저 해석학을 살펴보겠습니다.

▶ 해석학

철학에는 해석학(解釋學)이라는 분야가 있습니다 수학의 해석학(解析學)과는 완전히 다른 의미입니다. 철학의 해석학은 처음에는 성경과 같은 텍스트를 해석하고 텍스트의 진정한 의미를 밝혀내고자 하는 학문적 방법론이었습니다. 하지만 시간이 지남에 따라서 그 영역을 확장해 왔는데요, 먼저 해석학은 좁은 의미의 텍스트 읽기의 방법론을 벗어나서 정신과학을 연구하는 방법론으로까지 확장이 됩니다. 자연세계와는 다른 인간 정신이 만들어 내는 현상들을 해석할 수 있는 학문이 따로 필요하다는 것이지요. 이러한 해석학은 해석의 대상을 텍스트나 학문적 영역으로만 국한하지 않고 존재, 인간, 실존 등에 대해서까지 그 영역을 확장하게 됩니다.

해석학의 토대를 놓는 데는 슐라이어마허, 딜타이가 큰 역할을 하였습니다. 먼저 독일의 신학자이자 철학자인 슐라이어마허

(1768~1834)를 살펴보겠습니다. 슐라이어마허는 해석학을 '이해의 기술'이라고 봅니다. '이해'라는 과정은 어떻게 이루어지는가, 이와 관련하여 중요한 개념들이 바로 '추체험'과 '해석학적 순환'입니다. 리차드 팔머는 추체험에 대해서 다음과 같이 설명합니다.

기술로서의 이해는 텍스트 저자의 원래의 정신적(심리적) 과정을 다시 체험(추체험)하는 것이다. 이는 창작 과정의 역전이다. 왜냐하면 추체험은 이미 고정되고 완결된 표현에서 시작하여 원래 그 표현이 생겨났던 정신적 삶에로 거슬러 올라가는 것이기 때문이다.   - 리차드 팔머[6]

　추체험은 우리가 어떤 텍스트를 읽을 때 단순히 텍스트의 의미만 읽는 것이 아니라 저자의 심리적인 상태를 이해하는 것을 말합니다. 이를테면 여기 고려 말 조선 초를 다룬 드라마를 보면서 이성계에게 버림받은 이방원의 감정에 깊이 공감하는 시청자가 있습니다. 그는 마치 본인이 이방원이라도 된 것 마냥 '나라도 왕자의 난을 일으켰을 것이다'라고 말합니다. 이 시청자가 경험하고 있는 것이 바로 추체험의 사례입니다. 이러한 추체험이 가능한 것은 다음의 '해석학적 순환' 과정이 존재하기 때문입니다.

　해석학적 순환은 부분은 전체 속에서 파악할 수 있지만, 반대로 부분에 대한 이해 없이 전체가 이해될 수 없다는 것을 의미합니다. 이를테면 우리는 단어들의 의미를 알아야 전체 문장의 의미를 이해할 수 있습니다. 한편으로는 전체 문장의 뜻을 알아야 정확히 어떤 의미로 단어가 사용되었는지 이해할 수 있게 됩니다. 즉 우리는 어떠한 문맥을 이해해야 개별적 사실들을 정확히 이해할 수 있고 한편으로는 개별적인 사실들을 정확히 알아야 그 사실들이 놓여 있는 문맥을 이해할 수 있습니다.

이 이야기를 한번 해 보지요. 저는 10대 때 영화 「쇼생크 탈출」을 보았습니다. 이 명작이라는 영화를 저는 그 때 재미없게 보았던 기억이 납니다. 아마도 억압과 자유, 해방의 진정한 의미를 알기에는 좀 어린 나이가 아니었나 싶습니다. 그 영화가 전하고자 하는 의미에 대해서 당시 경험이 없는 어린 저에게는 공유된 공통기반이 없었습니다. 따라서 저는 구체적인 메시지도 얻지 못했고 감동도 얻지 못한 것이지요. 그러나 지금 그 영화를 보면 이야기는 달라질 것입니다. 이제 세상이 어떻게 돌아가는지, 세상의 모습이 어떻게 한 편의 영화에 녹아들어가 있는지 충분히 알 수 있는 나이가 된 것이지요. 이러한 앎은 영화의 한 컷 한 컷 그 의미를 살려 줄 수 있습니다. 그리고 저는 영화 주인공에 감정이입을 해서 감동을 느끼겠지요. 결론적으로 연륜이 나름대로 쌓인 저는 영화를 제대로 감상하기 위해서 필요한 앎을 획득하였습니다. 그리고 영화를 볼 때 해석학적 순환의 원리가 작동하여 영화의 내용에 온전히 빠져들어, 추체험을 할 수 있게 되었습니다.

다음으로 슐라이허마허를 깊이 연구한 독일 철학자인 빌헬름 딜

타이(1833~1911)의 철학을 살펴보겠습니다. 딜타이의 관심사는 인간의 '삶' 그 자체입니다. 인간의 삶은 '체험'으로 이루어져 있습니다. 즉 인간의 삶은 우리가 무엇을 인식하고 알아가기 이전 단계에서 이미 체험되고 있는 것입니다. 이러한 인간의 삶이 표현되는 영역은 정신과학의 연구대상입니다. 여기에서 정신과학은 쉽게 말해서 인문학, 예술, 때로는 사회과학 등을 생각하시면 됩니다. 딜타이가 보기에 인간의 삶을 이해하기 위해서는 자연과학의 방법론이 아닌 정신과학만의 방법론이 필요합니다. 자연과학이 하듯이 법칙에 의해서 자연현상을 설명하는 방식으로는 인간의 삶을 온전히 이해할 수 없습니다. 인간의 삶이 표현된 정신과학을 이해하기 위해서는 다른 사람의 삶을 그 자체로서 체험하고 이해할 수 있어야 합니다. 한마디로 삶을 삶으로서 이해할 수 있어야 합니다. 리차드 팔머는 다음과 같이 설명합니다.

정신과학의 목적은 삶의 외재적인 범주들이 아니라 내재적인 범주들에 의해 삶을 이해하는 것이다. 그리고 이 내재적 범주들도 삶으로부터 도출되어 나온다. 삶은 삶 자체에 대한 체험으로부터 이해되어야 한다. - 리차드 팔머[7]

　인간은 그저 자연세계의 일부분이 아닙니다. 자연법칙에 의해서 자동적으로 굴러가는 존재가 아닙니다. 물론 인간은 물리적으로는 육신을 갖고 있습니다. 따라서 자연과학의 방식으로 접근할 수도 있습니다. 그러나 인간은 내면적 삶의 영역을 또한 갖고 있습니다. 그 삶의 영역은 역사적이고 시간적입니다. 인간은 과거라는 기반 위에서 그리고 열려 있는 미래를 향해서 지금의 현재를 살아갑니다. 그러한 인간이 자신을 표현하는 것, 인간 삶의 체험들이 드러나는 것을 우리는 또한 공감하고 이해합니다. 이때의 공감과 이해는 역시 역사성과 시간성에 기반하여 이해될 수 있습니다. 역사성과 시간성에 기반하여 이해한다는 것은 무엇일까요. 다시 추체험과 해석학적 순환의 개념을 떠올려 보시면 됩니다.

앞의 「쇼생크 탈출」의 예를 다시 보지요. 이 영화를 자연과학적으로 접근할 수 있을까요? 가능할 수는 있겠지만 적합하지는 않겠지요. 이것은 인간의 삶을 표현하고 있는 작품이기 때문에 정신과학의 영역일 것입니다. 거기에는 오랜 기간을 억울하게 죄수 생활을 하고 있는 한 사람의 삶이 담겨 있습니다. 그 삶은 오랜 기간 죄수생활을 했다는 과거의 경험, 그리고 해방되고 싶다, 자유를 얻고 싶다는 미래를 향한 기대로 이루어져 있습니다. 즉 그 삶에는 시간성, 역사성이 내재되어 있는 것이지요. 그런데 어린 날의 저는 이 영화를 이해하지 못했습니다. 체험, 즉 삶의 경험이 부족하기 때문이겠지요. 이러한 선이해가 없기 때문에 영화를 이해하지 못한 것입니다. 시간성에 기반하여 체험으로 이루어진 삶, 그리고 그 삶이라는 것이 스스로 표현하고 있는 것들을 이해하기 위해서는, 역시 이해하는 사람도 그러한 시간성에 기반한 체험이 뒷받침되어야 하는 것이지요. 다른 사람이 말하고자 하는 바 혹은 다른 사람의 삶을 이해하고자 하는 사람은 삶의 관점에서 접근해야 합니다.

▶ 현상학
- - - - - - -

여기 해석학과 매우 친밀한 현상학이 있습니다. 현상학은 말 그대로 현상을 다루는 철학입니다. 현상학에도 여러 학자들이 있고 다양한 철학을 개진합니다. 예를 들어 에드문트 후설의 현상학과 그의 제자인 하이데거의 현상학은 좀 다릅니다. 여기에서는 주로 후설의 현상학을 설명합니다.

현상학과 관련해서는 '사태 그 자체로!(Zu den Sachen selbst)'라는 말이 유명합니다. 어떤 선입견에도 얽매이지 않고 현상 그 자체에 주목하여 본질을 직관하라는 말이지요. 이것이 가능한 이유는 현상이 그 스스로를 드러내고 있기 때문입니다.

전통적으로 서양철학에서는 경험과 현상을 하위의 것, 부차적인 것으로 보았습니다. 예컨대 플라톤 철학에서는 이데아의 세계와 현상의 세계를 구분 지어 사고하며 이데아의 세계가 실재적이고 진짜인 세계로 보았습니다. 그런데 근대철학에서 현대철학으로 넘어오는 과정에서 과학이 득세하게 되었고 인간이 경험하는 것들에 대하여 중요성이 증가하게 되었습니다

현상학은 경험주의와 유사한 측면이 있습니다. 인간의 경험에서

시작합니다. 어떤 이론에서 시작하는 것이 아닙니다. 다만 경험주의와 달리 쪼개서 실험, 관찰하는 것에는 반대합니다. 총체적인 경험으로서의 인간을 중요시하지요. 이러한 현상학은 과학으로 발견한다고 우리가 믿고 있는 객관적 사실보다 더 근원적인 것들을 직관적으로, 총체적으로 사태를 바라보고자 합니다.

또한 이러한 경험을 하면서 해석이라든가, 선이해 같은 불순물이 섞이지 않도록 노력합니다. 현상학에서는 그런 불순물들을 현상학적 환원이라는 작업을 통해 제거하고 아주 순수한 경험의 결정체를 만들어내려고 합니다.

그런데 이것은 현실적으로 불충분하다고 사람들도 있습니다. 인간에게는 의식만이 있는 것이 아니고 무의식도 있다는 것입니다. 그리고 의식이든 무의식이든 그것조차도 뇌의 한 부분에서만 일어나는 것이 아니라 몸과 같이 일어나는 것이기 때문에 아주 순수한 본질 직관이라는 것은 존재하지 않는다고 보는 것이지요.

또한 인간은 무엇무엇으로서 봅니다. 돼지 눈에는 돼지가 보이고 진주 같은 눈에는 진주가 보이는 것이지요. 선입견 혹은 선이해가 항상 작용합니다. 바로 앞에 해석학에서 이야기한 내용이지요. (현상학 학자들에 따라서 현상학적 바탕 위에서 몸, 무의식, 생활세계 등을 좀 더 포괄적으로 논의하기도 합니다. 후설 철학에서도 이미 이러한 측면을 고려하고 있었다는 주장도 있습니다.)

하이데거에 대해서 이야기를 해 보겠습니다. 하이데거는 해석학의 계보에도 해당하고 현상학의 계보에도 해당됩니다. 왜냐하면 그의 철학이 이 양쪽 이야기들을 다 접목시킨 것이기 때문입니다. 그는 예를 들어 "철학은 현존재의 해석학에서 출발하는 보편적 현상학적 존재론이다"[8]라고 이야기를 합니다. 말이 어렵지요. 하이데거의 저서를 번역하시고 해설서를 쓰신 소광희 교수님의 설명을 참고하자면 이렇습니다.[9]

현상학은 현상을 있는 그대로 드러내 보이고 기술하는 학문입니다. 이것을 하이데거는 '존재'의 영역에 적용합니다. 존재가 내보이는 현상들의 본질을 있는 그대로 기술하고 그 의미를 해독하려고 합니다. 그런데 이러한 의미는 말의 형태를 띠고 있습니다. 말은 해석을 필요로 하지요. 그래서 하이데거의 현상학은 근원적으로 해석학입니다. 현상이 드러나 보이는 동시에 그것은 해석되고 있는 것입니다. 하이데거의 현상학적 해석학은 이처럼 해석의 대상을 텍스트가 아니라 이 세상의 존재들로 확대시켰습니다. 이해가 어려울 수 있겠습니다. 다만 '이 세상을 텍스트로 삼아 해석한다' 이 정도로 생각하시면 되겠습니다.

이러한 하이데거의 철학은 스승인 후설의 철학과 대비하여 이해할 수 있습니다. 하이데거의 주장은 이렇습니다. 우리가 의식 내부에 떨어지는 정신현상을 다루고자 할 때, 거기에는 의식과 현상이라는 이분법 이전에 이미 이 세계에 던져져서 삶을 영위하고 있는 인간 실존이 발견됩니다. 최대한 순수하게 본질직관을 하면서 의식 내부에 현상을 떨어뜨리고자 노력하지만, 현상은 홀로 객관적으로 존재하는 것이 아닙니다. 그것은 이미 역사성, 시간성을 배경에 깔고 세계-내에 존재하는 것이지요. 그러니깐 스승 후설이 하듯이 선입견 없이 본질직관하는 방식만으로 현상의 의미를 발견할 수는 없고 해석학적 방법을 동원하여 현상들이 서 있는 맥락들에 대하여 이해하고자 노력해야 합니다. 이때 사용될 수 있는 것이 해석학적 순환이지요. 우리가 가지고 있는 선이해에 근거해서 인간 실존을 이해하는 작업을 하는 것입니다.

그렇다면 본질직관과 선이해의 개념을 절충해서 연구하는 방법은 무엇일까요. 여기에 대해서는 이화여대 김애령 교수님의 논문 한 구절이 그 답이 될 수 있을 것 같습니다.

어떤 체험 사태에 접근하는 일차적 과정은 '현상학적 판단중지와 환원'을 통해 선입견을 배제하고 사태 자체로의 진입하고자 하지만, 그렇게 얻어진 체험 사태가 그 성립에서부터 피할 수 없는 선이해 구조의 산물이라는 사실을 인식하면서 다시금 해석학적 이해의 순환 구조 안에서 해석되어야 한다는 것이다. - 김애령 교수[10]

즉 최대한 객관적으로 사태를 선입견 없이 보려고 노력을 하되, 그럼에도 불구하고 해석 결과물에 나의 선입견, 선이해가 왜곡을 일으킬 수 있음을 인정하고 좀 더 따져서 보는 것입니다.

▶ 질적탐구
- - - - - - - - -

실증주의/합리주의 계열 혹은 자연과학은 외적감각을 중요시합니다. 이들은 외적감각의 대상을 x, y축 위에 그래프를 그리고 함수관계를 만드는 식으로 설명하고자 합니다. 즉 실증주의/합리주의 계열은 양적 연구를 중요시합니다. 반면 현상학/해석학의 유파는 의식에 떠오르는 대상을 내적으로 감각, 반성, 해석하면서 그 자체로서 보고자 하며 방법론적으로는 질적탐구의 방법을 선택합니다.

현상학/해석학을 연구하는 학자들은 오랫동안 상대를 관찰하고 상대방의 세계에 깊이 몰입할 때 얻을 수 있는 심층적인 지식이 있다고 봅니다. 인간은 이미 세계에 내던져져서 어떤 분위기에 젖어진 상태로 실존하고 있지요. 이때 인간 실존은 다양한 맥락 위에 서 있습니다. 이때의 인간 실존은 객관적으로 실증하고 수량화하는 것만으로 온전히 파악할 수 있는 대상이 아닙니다. 인간은 사회적, 역사적, 문화적 맥락에 의해서 구성된 것이기 때문이지요.

다양한 맥락 위에 있는 인간 실존을 탐구하고자 한다면, 그 인간 실존의 다양한 맥락을 다 이해해야 합니다. 그러니깐 숫자로 얇게

피상적으로 뜰 수 있는 존재가 아니라, 그 속에 깊이 참여하여 몰두하여 역사, 문화적 맥락을 온전히 이해해야 합니다. 때로는 예술을 통해서 때로는 현장연구를 통하여 관찰자의 시선을 탈피하여 온전히 상대방의 문화에 깊이 참여할 수 있습니다.

결론적으로 숫자적으로 정량화하고 외적으로 실증할 수 없는 것들을 넘어서서 상대방에 깊이 침투하여 몰입하여 내적으로 체험하고 확인하기 위해서 질적탐구의 방법이 사용될 수 있습니다.

Thin Data
외적 지각, 실증성, 객관적,
자연과학적 설명, 실험, 관찰,
정량 데이터

Thick Data
내적 지각, 총체적 경험, 주관
적, 예술·역사·문화연구, 사례
연구, 현장탐구, 정성 데이터

비판이론/후기—구조주의

이 세 번째 철학은 세상을 실제로 어떻게 변화시킬 수 있는지에 대해서 지대한 관심을 갖습니다. 그저 세상사의 지엽적인 부분들을 분석하고 해석하는 것만으로는 충분하지 않다는 것이지요. 문제는 우리가 어떻게 이 세상을 변화시킬 것인가입니다. 그리고 이 세상을 실제로 변화시킬 수 있는 힘이 있는지 묻게 되겠지요. 그렇기 때문에 이들도 이 세상의 질서가 어떻게 잡혀 있는지, 그리고 인간은 어떠한 존재인지를 연구합니다. 그리고 저마다의 방식으로 이 세상의 원리를 규명하고 어떻게 변화시킬 수 있을지 설파하지요.

▶ 비판이론

비판이론을 주장하고 연구한 것은 독일의 프랑크푸르트 학파입니다. 이 학파의 대표적인 학자들은 호르크하이머(1895~1973), 마르쿠

제(1898~1979), 아도르노(1903~1969) 등을 뽑을 수 있습니다. 이들은 모두 부유한 유대계 독일인 가정에서 성장했다는 공통점이 있습니다. 또한 러시아 혁명(1917년)이 성공한 것과는 다르게 독일혁명(1918년)이 실패로 끝난 것과 나치정권(1933년)이 들어서는 것을 이들은 직접 눈으로 목도하였으며 이에 큰 충격을 받게 됩니다.

프랑크푸르트 학파의 연구는 크게 두 가지 흐름에 기원합니다. 바로 마르크스와 프로이트입니다. 마르크스는 자본과 노동의 관계를 고찰함으로써 자본주의에 내재된 불평등의 기원을 밝혀내고자 하였고 프로이트의 경우 인간의 의식을 결정짓는 무의식의 영역을 개척하였지요.

마르크스는 이렇게 이야기하였습니다. "철학자들은 세계를 단지 다르게만 해석했다. 문제는 세계를 변혁시키는 것이다."[11] 우리는 인간의 의지로 모든 것들을 선택하고 행동한다고 생각하지만 실제로 인간이라는 게 잘 살펴보면 상황의 산물이거든요. 어떠한 구조, 혹은 우리의 계급이 우리의 의식을 결정짓습니다. 그렇다면 현실세계에서 벌어지는 수많은 불평등의 현장 속에서 우리는 그 현상들에만 주목하는 것이 아니라 그 현상들이 산출된 그 배경에 초점을 맞추는 것이 필요할 것입니다. 현실에 변화를 이끌어 내기 위해서는 무엇이 현재의 구조를 만들었으며, 어떤 식으로 작동하는지 알아내야 할 것입니다. 그래야 대책이 나오지 않겠습니까. 비판이론의 흐름에서는 이러한 근본적인 원인을 밝혀내고 문제점을 개선시키려고 노력합니다.

한편 프랑크푸르트 학파가 기존의 마르크스주의자들과 다른 점은 무엇이 있을까요. 그것은 상부구조에 대한 강조입니다. 마르크스주의에서는 상부구조와 토대를 통해서 사회를 바라보곤 합니다. 먼저 토대는 유물론적인 토대, 즉 경제적인 측면을 뜻합니다. 상부구조는 토대를 제외한 모든 것들이 포함될 수 있는데요, 다시 구분하자면 정치, 종교, 도덕, 예술 등 의식적인 영역과 국가, 정치, 법률체계 같은 제도적인 영역으로 구분할 수 있습니다. 전통적인 마르크스주의자들은 먼저 토대가 바뀌어야 한다고 봅니다. 결국에는 경제적인 요인들이 사람들의 의식적인 부분과 제도적인 측면에 결정적인 영향을 주기 때문에 그렇습니다. 반면 프랑크푸르트 학파는 상부구조를 바꾸려는 노력이 무의미하다고 보지 않습니다. 이들은 나치 정권의 탄생을 직접 지켜보았습니다. 그리고 독일의 노동자들이 무의식적으로 권위주의 정부를 갈망하고 강한 권력자가 등장하여 경제문제를 비롯한 사회문제들을 해결해 주기를 바랐다는 것을 알아내게 되지요. 따라서 이들은 경제적인 접근만으로는 충분하지 않다는 생각을 하게 됩니다.

또한 이들이 보기에 자본주의는 독점자본주의로 발전하였으며 대중문화와 예술을 통해서 그 지배를 점차 공고히 하고 있었습니다. 문화에 스며든 경제적인 논리가 사람들을 잠식하고 있었던 것입니다. 따라서 대중문화에 대한 연구, 미학연구 등이 깊이 있게 진행될 필요가 있었습니다. 기존 질서에 순응하고 복종하게 만드는 문화가 아니라 기존 질서에 비판적으로 반기를 들고 해방적 역할을 하는 문화를 기대하는 것이지요. 이러한 문화적인 접근이 미국에 흘러 들어가서 히피문화를 만들었다는 관점도 있습니다. 특히 일부 보수주의자들은 서구의 전통적인 문화를 붕괴시키려는 의도에서 프랑크푸르트 학파가 '문화적 마르크스주의'의 전략을 사용했다고 주장합니다. 반대로 문화적 마르크스주의의 딱지를 프랑크푸르트 학파에게 붙이는 것은 음모론에 불과하며 실제로는 이들이 국가, 법, 가족 등과 같은 전통적인 서구 문화의 제도들을 보호하려고 했었다는 주장도 있습니다.[12]

또한 비판이론을 살펴볼 때 중요한 것이 하나 있습니다. 비판이론은 근본적으로 기존체제유지에 봉사하고 있는 '도구적 이성'의 철학, 즉 계몽주의, 과학주의, 실증주의, 합리주의에 반기를 든 사상입니다. 이러한 사상들은 사실들에만 오직 주목하고 그 사실들을 실체화하는 경향이 강합니다. 주어진 것들을 그대로 인정하게 하는 것은 사회를 보수적으로 만들지요. 그 사실들이 놓여 있는 맥락들이 더 중요한 것일 수 있는데 말이지요. 프랑크푸르트 학파는 이러한 사상들의 보수성을 타파하기 위해서 '비판적 이성'의 칼날을 들이댑니다.

예를 들면 이렇습니다. 의료계와 제약산업에 대해서 한번 생각해 보시지요. 환자의 입장에서는 의사의 말이 곧 진리입니다. 의사는 약을 환자에게 처방합니다. 약은 여러 임상실험 등을 거쳤을 것입니다. 약의 효과와 부작용에 대해서도 고지가 되겠지요. 환자는 이 틀에서 벗어날 수 없습니다. 그러나 잘 살펴보면 말이지요. 의사들은 제약업계에서 제공한 세미나 등에 참여하면서 교육을 받습니다. 그리고 제약업계에서는 자신들의 타당성을 증명할 수 있는 연구 프로젝트들에만 자금을 지원합니다. 이 연구결과들이 발표가 되면 의사들이 다시 이를 학습합니다. 즉 이 세상에는 홀로 객관적인 사실들이라는 것은 있을 수 없습니다. 사실들의 차원을 넘어서 더 깊게 들어가면 그 밑에는 자본의 논리가 숨어 있는 것이지요.

특히 비판이론의 연구자들은 비판적 실재론의 '인과 메커니즘' 주장을 받아들였습니다. 비판적 실재론 진영에서는 실증주의의 연구 방법론이 경험적 세계의 현상만을 다루고 실재계의 원인과 결과의 참된 관계를 파악하지 않기 때문에 오류를 일으킬 수 있다고 봅니다. 즉 상관분석과 인과분석의 차이라고도 볼 수 있겠습니다. 비판적 실재론에서는 인과 메커니즘을 발견해야 한다고 주장합니다.

예를 들어 실증주의에서는 데이터로 확인하면 그것을 인정하는 경향이 있습니다. 우리에 갇혀 있는 칠면조가 '주인이 와서 먹이를 주는 것'을 여러 번 경험하게 되면 그것은 과학적 사실이 되는 것입니다. 하지만 어느 날 칠면조는 주인한테 잡혀 먹혔습니다. 즉 '주인이 오면 먹이를 준다'는 것은 우연이었을 뿐 강한 인과관계로 묶여 있는 것이 아닙니다. 정확한 인과 메커니즘을 확인하지 못하면 그냥 우연에 기대어 살아갈 뿐인 것입니다.

▶ 후기 구조주의

후기 구조주의를 알기 위해서는 먼저 구조주의를 알 필요가 있습니다. 구조주의는 1960년대 프랑스에서 유행하였으며 이후 전세계적으로 확대되어 영향을 미친 사상입니다. 구조주의는 철학에 국한된 사상이 아니라 언어학, 인류학, 정신분석학 등 여러 학문의 연구에서 발원한 사상입니다. 구조주의에서는 인간은 주체적인 존재가 아니며 뒤에 숨어 있는 구조의 영향을 받는다고 말하지요.

이를 이해하기 위해서는 언어에 대한 이해에서 시작하는 것이 좋겠습니다. 단어의 의미는 다른 단어들과의 관계 속에서 주어집니다. 다른 단어들과 어떠한 차이를 갖고 있는지를 통해서 그 단어를 이해할 수 있는 것이지요. 각각의 단어들이 유사성, 차이성을 통해서 의미가 파악된다는 것은 그것이 전체의 의미망 속에서 이해가 되고 있다는 것입니다. 따라서 한 단어라는 부분보다는 언어의 전체 체계, 즉 구조가 더 중요한 역할을 하는 것이지요. 그렇다면 한번 생각을 해 보지요. 인간의 일상, 삶, 행동에 있어서 말은 매우 중요합니다. 그런데 그 말들의 의미가 그 뒤에 있는 구조적인 어떤 연결망 속에서 주어진다면 혹시 인간의 심리, 행위 등은 그 자체로서 주체적인 것이 아니라 사회 속에서 작동하고 있는 구조적 연결망 속에서 결정되는 것이 아닐까요. 그렇다면 여기에서 주체적인 것은 인간이 아니라 구조일 것입니다.

구조주의에 해당하는 학자들은 다양한 학문에 분포되어 있고 하는 이야기들이 조금씩 다르기도 합니다. 예를 들어 좀 전에 구조를 언어학에서는 어떠한 체계로서 이해한다고 말씀 드렸는데, 레비-스트로스의 인류학 연구에서는 '체계' 대신에 '공통된 특성'을 구조로서 내세웁니다. 여러 문화권의 신화들을 살펴보면 제각각의 이야기들로 구성이 되어 있습니다. 그러나 각 공동체 내에서 해결되지 못한 것들이 신화의 이야기들을 통해서 해소되고 있습니다. 즉 신화의 해결사로서의 기능이 여러 문화권에서 공통적으로 작동하고 있는 것입니다.

하여간 체계라고 이해하든, 공통된 특성으로 이해하든 인간 사회에서 작동하고 있는 것은 어떠한 구조라고 본 점은 다 비슷합니다. 그런데 후기-구조주의에서는 이러한 구조조차도 변하지 않는 틀로서, 객관적인 것으로서 존재하는 것은 아니라고 봅니다. 이러한 구조에도 절대성이 아니라 상대성을 부여하는 것이지요. 그 구조, 틀마저도 확실하지 않다, 뭐 이런 식입니다. 인간 주체보다 구조를 더 근본적인 것으로 본 구조주의보다 한 걸음 더 나아가서 후기-구조주의는 그 구조마저도 해체한 사상입니다.

이러한 후기-구조주의가 맹위를 떨치게 되는 계기가 있었습니다. 그것은 프랑스의 68혁명입니다. 68혁명은 그 자체로 후기-구조주의 철학을 현실에서 보여준 사건이 아닌가 싶습니다. 이 68혁명을 이해하면 현대사회를 추동하고 있는 하나의 큰 흐름을 이해하는 것입니다. 짧게 설명을 해 보겠습니다.

　68혁명의 시작은 이렇습니다. 프랑스에서 베트남 반전시위를 하는 학생들이 아메리칸 익스프레스의 파리 사무실을 공격합니다. 이 학생들이 체포되고 이들의 석방을 요구하는 시위가 여러 대학교들에 퍼지게 됩니다. 특히 소르본 대학에서도 시위가 강하게 벌어졌고 이 시위를 진압하기 위해서 경찰들이 투입이 되는데요, 이것이 오히려 시민들을 자극하는 계기가 되었습니다. 거리에는 수많은 시민들이 몰려나왔고 노동자들의 총파업으로 연결됩니다.

　그런데 이 시위는 단순히 반전시위와 정부에 대한 저항에 그치는 것이 아니라 기성질서 전체에 대한 물음을 제기하는 좀 더 광범위한 것으로 발전하게 됩니다. 교육, 고용 분야를 막론하고 많은 부분에서 작동하고 있는 권위주의적인 사회 분위기에 비판을 제기하는 것이지요. 기준이 되는 것과 변방을 나누고 서열을 매기고 위계를 나누는 시스템을 바꾸자는 것입니다.

　이 68혁명의 시위는 기존의 시위와는 좀 다른 형태를 띱니다. 이 시위는 주동자가 없는 자발적인 시위였습니다. 사실 보통 시위를 하면 콘트롤 타워가 있기 마련인데 이 경우에는 그렇지 않았습니다. 이것은 68혁명이 앞으로 전세계에 미치게 되는 영향, 즉 네트워크적이고 수평적이며 해체주의적인 문화의 확산을 상징적으로 보여주는 것입니다.

　이러한 68혁명은 정권교체에는 끝내 실패합니다. 그러나 이 혁명이 가져온 변화는 작지 않았습니다. 이 때를 기점으로 수평적이고 파편화되고 소수화되고 개인화된 문화가 본격적으로 등장하게 되고 이를 뒷받침하는 철학, 즉 후기-구조주의의 철학도 융성하게 되는 것이지요.

여기에서 비판이론과 후기-구조주의를 짝을 이루어서 배치한 까닭을 말씀 드리겠습니다. 후기 구조주의는 사실 현상학/해석학 계열의 영향을 많이 받았습니다. 따라서 두 번째 계열의 계보로서 설명할 수도 있겠습니다. 하지만 세상에 존재하는 불평등의 원인을 밝혀내고 실천을 통해 세상을 변화시킨다는 관점에서 대칭적으로 많이 소개되는 방식이 비판이론 VS 후기 구조주의(또는 포스트모더니즘)입니다. 이런 방식이 유파들의 전선을 이해하고 분류하기에는 편한 것 같습니다. 많은 사회과학 이론서들에서도 이러한 분류를 따르고 있는 것을 볼 수 있습니다.

먼저 W.Lawrence Newman 교수는 『사회연구 조사방법론』에서 마르크스와 프로이트의 저작을 주요하게 연구하는 프랑크푸르트 학파를 비판적 사회과학방법론의 큰 줄기로 분류하였습니다. 그러는 한편 또 다른 큰 줄기로서 부르디외를 불러들입니다. 후기-구조주의로 분류되는 부르디외는 실증주의, 해석주의를 모두 비판하면서 사회연구는 '비판적'이고 '반영적'이고 '정치적'이어야 한다고 주장하였습니다.[13] 이런 식으로 사회를 어떻게 변화시킬 것인가, 즉 정치적인 관점이 강하기 때문에 후기-구조주의를 비판이론과 함께 묶어서 분류하는 것이지요.

또한 조나단 터너 교수는 『현대 사회학 이론』의 7부에서 비판이론을 다루고 있습니다. 그리고 이 비판이론 파트에서 프랑크푸르트 학파와 포스트모더니즘 이론을 함께 다루었습니다.

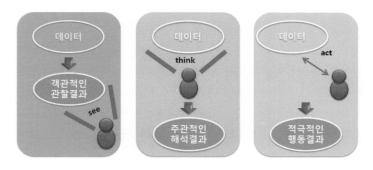

세 유파가 데이터를 대하는 방식의 차이

실증주의/합리주의 계열의 철학이 있습니다. 이들은 경험을 중요시하면서도 합리성도 중요시합니다. 경험은 실증을 중요시한다는 측면으로 발전하며 정량적인 조사, 빅데이터 활용 등으로 연결될 수 있습니다. 합리주의적인 경향은 이 세상에 법칙이 내재되어 있다는 측면으로 연결되면서 논리, 수학을 중요시하면서 물리학적인 세계관, 합리적인 이성, 균형 잡힌 세계, 효율적 시장 가설 등으로 연결될 수 있습니다.

현상학/해석학 계열의 철학은 실증주의/합리주의 계열의 철학에 대립각을 세웁니다. 질적인 탐구를 중요시하며 총체적인 경험을 중요시합니다. 예술, 역사, 문학과의 친밀성도 보여줍니다. 상대를 파악하기 위해서는 표면의 실증 데이터만으로는 부족한 것이지요. 그리고 정성적인 데이터를 포함하는 좀 더 두꺼운 데이터에 대한 주장으로 연결됩니다.

비판이론/후기 - 구조주의 계열의 철학은 조금 결이 다릅니다. 분석하고 해석하는 차원에 머무는 것이 아니라 적극적으로 세계를 변화시키는 데에 관심을 많이 갖고 있습니다. 그리고 불합리한 현실을 만들어내고 있는 장기적인 구조적 여건이 뭔지 알아내고 그것을 어떻게 변화시킬 것인지에 대한 해답을 저마다 내놓습니다.

3장

투자를
관통하는
무기들

1

투자의 유형

이번 단락에서는 투자에 활용될 수 있는 무기들을 살펴볼 것입니다. 우선 투자의 유형을 간단하게 구분하고 가는 것이 좋겠습니다. 세부적으로 들어가면 셀 수 없는 투자전략들이 존재하겠지만 앞으로의 이해를 위하여 최소한 이 정도는 정리하고 가야겠다 싶은 내용입니다.

▶ 기술적 분석

투자는 결국 미래의 주가 흐름을 예측해야 하는데, 이를 위해서는 판단할 수 있는 정보들이 필요합니다. 기술적 분석은 주가 흐름을 예측하기 위해서 주로 '주식 차트'를 정보로 활용합니다. 2000년대 중반만 해도 서점에 가면 이 '기술적 분석' 관련한 책들이 많았습니다. 그만큼 처음 주식을 접하는 사람들이 손쉽게 다가갈 수 있는 측면이 있었지요. 그 이후 점차 다음의 기본적 분석을 중요시하는 흐름이 한국에서도 유행하게 됩니다.

▶ 기본적 분석
- - - - - - - - - -

기본적 분석은 주가 흐름을 예측하기 위해서 기업의 내재가치를 활용합니다. 대표적으로 가치투자는 기업의 가치를 산출하고 기업 가치가 현재 주가에 비해서 저평가되었으면 투자하게 됩니다. 반면 성장주 투자는 성장이 기대되는 기업에 투자하는 방식입니다. 워런 버핏은 성장도 가치에 포함되는 하나의 요인으로 취급하기는 하지만 일반적으로 가치주와 성장주는 대비적으로 설명을 많이 합니다.

▶ 기술적 분석 + 기본적 분석
- - - - - - - - - - - - - - - - - -

우리가 주식투자를 처음 시작할 때, '주가가 낮을 때 사서 주가가 오르면 팔면 되는 것 아니야'라는 생각을 쉽게 하곤 합니다. 이런 것이 바로 '마켓 타이밍'입니다. 기술적 분석, 기본적 분석 어떤 것이든지 동원해서 주식시장의 변화를 예측하고 적당한 때에 치고 빠지면 되는 것입니다.

'전술적 자산배분'이라는 것도 있습니다. 주식시장이 과도하다고 판단되면 주식들을 조금 팔고, 채권시장이 저평가되었다고 생각되면 채권을 좀 더 매수합니다. 이런 식으로 예상되는 시장의 움직임에 맞추어서 자산배분을 조정하는 것입니다. 본질적으로 마켓 타이밍과 다를 바 없습니다.

'모멘텀 투자'라는 것도 있습니다. 이것은 쉽게 말해서 탄력 받은 주식에 올라타는 방식입니다. 주가든, 실적이든 좋은 신호를 보내는 주식에 올라타는 것입니다. 관련하여 '달리는 말에 올라타라'는 말을 흔하게 하곤 합니다. 이러한 모멘텀 투자는 기술적 분석을 도구로 많이 활용하여 상당기간 기술적 분석의 일종으로 다루어졌지만, 어떤 이들은 기본적 분석의 한 유형으로 모멘텀 투자를 구분하기도 합니다. 모멘텀 투자도 가치투자와 대비해서 많이 이야기됩니다.

'많이 오른 주식은 결국 떨어진다'는 말은 역(逆) 방향의 사고방식을 보여줍니다. 반대로 '오른 주식이 더 오른다'는 말은 순(順) 방향의 사고방식을 보여줍니다. 전술적 자산배분은 평균회귀 현상을 기대하는 역 방향의 투자인 반면 모멘텀 투자는 달리는 말에 올라타는 순 방향의 투자입니다. 역 방향이든지, 순 방향이든지 이처럼 어떠한 방향성이 있다고 보는 것은 주가의 움직임을 무작위적으로 보는 랜덤워크 이론에 반하는 것입니다.

: 랜덤워크 가설 + 효율적 시장 가설 + 현대 포트폴리오 이론

랜덤워크 가설(루이 바슐리에, 1900), 현대 포트폴리오 이론(해리 마코위츠, 1952), 효율적 시장가설(유진 파마, 1970) 이 3인방은 항상 같이 다닙니다. 이 이론들은 기술적 분석을 활용하든 기본적 분석을 활용하든 결국 시장을 이길 수 있는 방법은 없다고 봅니다. 투자와 관련된 모든 정보가 시장에 즉각적으로 항상 반영되기 때문에 어떤 투자자가 독점적으로 사용할 수 있는 정보는 존재하지 않습니다. 그러니 마켓 타이밍처럼 치고 빠지기 식의 투자는 불가능한 것이지요. 우리가 할 일은 그저 자산들을 통계에 기반하여 효율적으로 배분하고 그 성과를 기다릴 뿐입니다. 이를 '전략적 자산배분'이라고 합니다.

이 전략적 자산배분 진영에서는 투자 성과의 대부분이 전략적 자산배분에 의해서 결정된다고 봅니다. 즉 자산을 주식, 채권, 부동산, 금 등에 얼마나 배분하고 다시 주식시장에서는 선진국, 신흥국 등에 얼마나 배분하여 투자하는지가 중요한 것이지요. 이 최초의 자산배분을 결정하는 투자전략이 대부분의 투자 성과를 결정한다는 것입니다. 반면 일반적으로 많은 사람들이 중요하다고 생각하는 마켓 타이밍과 종목 선택은 투자성과에 미치는 영향이 그다지 크지 않다고 봅니다.

1. 기술적 분석
2. 기본적 분석
   (1) 가치주 투자 (2) 성장주 투자
3. 기술적 분석 + 기본적 분석
   (1) 마켓타이밍, 전술적 자산배분 (2) 모멘텀투자

4. 전략적 자산배분: 랜덤워크 이론 + 현대 포트폴리오 이론 + 효율적 시장 가설

지금까지 투자의 유형들을 간략하게 정리를 해 보았습니다. 이러한 투자의 유형들을 머리 속에 넣어 놓고 앞으로의 이야기를 읽어나가시면 좋을 것 같습니다. 그럼 투자자들이 사용하는 무기들에 대해서 알아보겠습니다.

2

논리/확률

(1) 논리

논리는 투자자, 사업가를 비롯해서 모든 일하는 사람들의 첫 번째 무기입니다. 논리학은 철학에서도 중요한 자리를 차지하고 있습니다. 이러한 논리학에는 형식 논리학이라는 것이 있습니다. 형식 논리학은 논리적 추론의 참 거짓을 판단하기 위해서 오로지 형식만을 따져서 봅니다. 내용은 보지 않습니다. 이러한 형식 논리학은 고전적인 버전과 현대적인 버전이 있습니다. 고전적인 버전은 아리스토텔레스의 연구에 기반하구요, 현대적인 버전은 기호논리학, 수리논리학이라는 이름으로 연구가 진행되었습니다.

형식논리학은 논리적 추론 중의 연역 추론(deductive reasoning)만을 다룹니다. 연역 추론은 전제의 참으로부터 결론의 참을 도출해내는 추론입니다. 우리가 들어본 연역 추론 중에 가장 많이 들어 본 예가 이것일 것입니다.

　사람은 죽는다.
　소크라테스는 사람이다.
　그러므로 소크라테스는 죽는다.

자명하다고 생각되는 전제로부터 자동적으로 결론의 필연성을 도출하는 것, 이것이 연역 추론입니다. 이것을 잘 보시면 주된 추론과정이 질적인 판단이 아니라 형식적인 판단임을 알 수가 있습니다. 물론 '사람은 죽는다'와 '소크라테스는 사람이다'라는 사실에 대한 확실성이 전제되어야 하겠지요. 그래야 형식적으로 '소크라테스는 죽는다'는 결론이 나올 수 있습니다. 그러면 연역추론의 사고방식을 투자에 적용하는 경우를 한번 살펴보겠습니다.

　중앙은행이 돈을 풀면 그 나라의 증시는 상승한다.
　미국 FRB에서 양적완화정책을 시행하여 돈을 풀었다.

그러므로 미국 증시는 상승할 것이다.

위의 논변의 형식은 다음과 같습니다.

만약 P이면 Q이다.
P이다.
그러므로 Q이다.

이러한 논변을 '전건긍정식'이라고 하는데요, 형식적으로 무조건 맞을 수밖에 없습니다. 그러나 이렇게 형식에 의해서 100% 들어맞는다면 투자가 무척 쉽겠지요. 어려운 것은 '전제의 참이 확실하냐'의 여부를 판단하는 것입니다. 즉 중앙은행이 돈을 풀면 그 나라의 증시는 반드시 상승하는지, 만약 증시가 영향을 받는다면 즉시 받는가, 아니면 12개월 내에 영향을 받는가 등이 문제가 될 수 있겠지요.

사실 투자에는 수많은 변수들이 존재합니다. 형식적이고 논리적으로 판단하기 위해서는 전제들이 필요한데, 무엇을 전제로 설정할 것인가가 중요한 문제입니다. 그리고 이는 투자자들마다 다를 수밖에 없습니다. 누군가는 거시경제를 볼 것이고, 누군가는 기업을 볼 것입니다. 누군가는 기업의 내재가치를 볼 것이고 누군가는 기업의 성장성을 볼 것입니다. 또한 누군가는 주가의 차트를 가지고 이야기를 할 것입니다. 이러한 관점을 결정하는 것은 그 사람이 어떠한 전략에 기대고 있는지에 달려 있습니다. 그리고 그 전략은 그 사람의 인식론, 세계관과 밀접한 연관이 있지요. 그러한 세계관, 인식론, 전략이 현 시점에서 무엇을 전제로 삼을지 포커스를 맞추게 합니다. 즉 관점을 통해서 판단할 수 있는 전제들을 도출해 내고 그 전제들로부터 형식적으로 논리적으로 판단하여 결론을 도출해 내는 것이지요. 결론적으로 전제설정은 사람마다 다를 수 있고, 그 전제의 확실성이 보장되어야 형식적으로 참인 논변을 구성할 수 있습니다.

다만 이런 식으로 형식적으로 분석하는 것의 이점은 일단 투자판단의 구조를 명확히 할 수 있다는 것입니다. 그리고 그 구조 아래에서 전제들의 확실성을 점검해 나가면 되는 것입니다. 위의 사례의 경우 '중앙은행이 돈을 풀면 그 나라의 증시는 상승한다'라는 전제의 확실성만 제대로 확인하는 데에 화력을 집중할 수 있는 것이지요.

전건긍정식을 말씀 드렸으니, 대조적으로 '후건긍정의 오류'에 대해서 말씀 드리겠습니다. 이번에는 좀 더 흥미로울 수 있을 것 같습니다. 먼저 나심 탈레브의 책『블랙 스완』이야기를 잠깐 하겠습니다.

나심 탈레브는『블랙 스완』이라는 책을 통해 투자의 세계에서 '예측할 수 없는 일들'이 종종 벌어진다고 주장합니다. 전통적인 금융이론은 보통 정규분포와 같은 통계적 가정에 기반하는데, 이 가정들은 통계적 예외현상이 발생하면 박살난다고 봅니다. 이것은 맨날 흰 백조만 보던 인류가 어느 날 갑자기 검은 백조를 발견하는 것과도 같습니다. 나심 탈레브는 칼 포퍼의 철학을 언급합니다. 앞서도 설명을 드렸지만 칼 포퍼는 과학이 경험(관찰과 실험)에 기대기 때문에 가설을 연역적으로 확증할 수 없다고 봅니다. 100%의 확률이 아니라는 것이지요. 그렇기 때문에 과학적 진실은 그 시대에 맞는 한시적인 역할만 하고 끊임 없이 오류를 수정해 나가는 것만이 가능하다고 봅니다.

세계적인 베스트셀러인『블랙 스완』은 철학을 비롯한 여러 학문의 내용들이 버무려져 있고 기본적인 지식이 없다면 읽기 난해한 측면이 있습니다. 그런데 알고 보면 이 책의 메시지는 사실 간단한 논리학으로 이해할 수 있습니다. 바로 '후건 긍정의 오류'입니다.

어떤 학생이 담임 선생님이 부부싸움을 하고 학교에 와서 화를 내는 것을 여러 번 경험하였습니다. 그리고 '선생님은 부부싸움을 하면 학교에 와서 화를 낸다'라는 가설을 세웠습니다. 그런데 선생님이 요즘 학교에서 부쩍 여러 번 화를 냈습니다. 그렇다면 선생님은 실제로 부부싸움을 여러 번 했을까요?

그것은 우리가 알 수 없지요. 교장선생님한테 혼나고선 학생들한테 화를 내는 것일 수도 있으니깐요. 위 학생의 가설을 논리학으로 표현하면 다음의 형태가 되겠습니다.

P이면 Q이다.
그런데 Q이다.
그러므로 P이다.

위와 같은 추론은 '후건 긍정의 오류'라고 해서 논리학적인 오류입니다. 이 단순한 논리학 하나로 책『블랙 스완』의 함의를 단번에 이해할 수 있습니다. 그것은 바로 투자의 세계에서 경험적 사례들을 통해서 내린 결론은 법칙의 지위를 획득할 수 없다는 사실입니다. 예를 들어 보겠습니다.

자산 배분 전략이 타당하다면 자산 배분 전략을 사용한 투자자의 실적이 좋을 것이다.
자산 배분 전략을 사용한 투자자들의 실적이 좋았다.
그러므로 자산 배분 투자 전략은 타당하다.

이 결론이 맞을까요? 아닐 수도 있지요. 우연히 시장에 돈이 많이 풀려서 가치투자자, 성장주 투자자, 모멘텀 투자자, 자산 배분 투자자 모두가 돈을 번 시장일 수도 있습니다. 즉 자산 배분 전략을 사용한 투자자들의 실적이 좋았다고 해서 그것이 반드시 자산 배분 효과에 의한 것인지는 알 수 없다는 것이지요. 우리가 투자에 대한 어떠한 가설을 세우고 그 가설을 뒷받침하는 여러 경험사례들을 발견해내더라도 그 사례들이 가설의 완전성을 보증하지는 못합니다. 특히 전문가들 중에서 자신이 경험한 특정한 사례들을 절대화시켜서 강하게 주장하는 경우가 있는데 이럴 때 우리는 후건 긍정의 오류를 범하고 있는 것은 아닌지 잘 살펴볼 필요가 있습니다.

여기까지 형식 논리학에 대해서 간단히 소개 드려봤습니다. 어떤가요. 논리학 한번 공부해 볼 만하지 않은가요? 논리적인 사고방식은 투자자들뿐만 아니라 컨설팅 회사에서 일하시는 분들에게도 필요하고 사업하는 분들에게도 필요합니다. 특히 실리콘 밸리의 성공한 사업가들 중에 논리적인 사고방식을 추구하는 사람들이 많습니다. 추후에 한번 같이 살펴보겠습니다.

▶ 분석철학
- - - - - - - -

현대에 들어와서 수학의 본질적인 성격을 규명하는 과정에서 '기호 논리학'이라는 것도 발전하게 됩니다. 그리고 이 기호논리학을 주요한 도구로 삼아 현대 분석철학이라는 철학의 한 유파도 태동하게 되는데요, 관련하여 말씀 드리겠습니다.

분석철학은 언어를 분석하는 철학입니다. 철학의 많은 문제들이 사실은 언어에 대한 오해에서 비롯되었기 때문에, 언어를 면밀히 살펴봄으로써 그 문제들을 풀어 나가겠다는 목표를 갖습니다. 분석철학은 '분석'이라는 방법론에 포커스를 맞춘 명칭이고 만약 언어철학은 '언어'라는 분석대상에 포커스를 맞춘 명칭입니다. 그리고 '영미' 분석철학이라 하는 이유는 분석철학이 주로 영미 쪽 철학자들이 연구하기 때문입니다.

하여간 분석철학은 언어를 분석합니다. 그리고 이때 대부분 분석의 대상은 '명제'입니다. 명제는 문장과 다릅니다. 명제는 참과 거짓을 판단할 수 있는 문장입니다. 따라서 참과 거짓을 판단할 수 없으면 명제가 아닙니다. 그리고 이러한 명제를 가지고 철학적 문제들을 탐구하면서 어떤 학자들은 명제를 기호화해서 표현하는 것을 시도합니다. 마치 수학적 공식이나 함수처럼 논리적 기호를 통해 표현함으로써 명제에 대한 우리의 이해도를 좀 더 높여 줍니다. 이 시기 프레게, 러셀 같은 학자들이 활약을 합니다.

러셀의 기술이론을 예로 들어 보겠습니다. '소크라테스는 대머리다'와 '현 프랑스 국왕은 대머리다'는 같은 문장형식을 갖는 것 같지만 전혀 다릅니다. 이를 분석하기 위해서 '현 프랑스 국왕은 대머리다'라는 문장의 진짜 구조는 기호적으로 다음과 같이 표현할 수 있습니다.

$$(\exists x)[Kx \cdot (\forall y)(Ky \supset y=x) \cdot Bx]$$

매우 복잡하게 보이지요. 이 기호들의 중요한 의미는 이렇습니다. '현 프랑스 국왕'이라는 명사는 주어 자리에 존재하기 때문에 존재하는 실체로 생각하기 쉬운데 알고 보면 이는 술어에 불과한 것이라는 것입니다. 즉 자세하게 분석해 보면 '프랑스 국왕이라는 속성을 갖는 어떤 X가 존재한다'는 식으로 말이지요. 즉 주어자리가 '어떤 X'이기 때문에 반드시 존재하는 실체가 아닌 것이지요. 이를 지금 자세히 살펴보는 것은 의미가 없고 대략적으로 이런 식으로 기호화해서 연구하는구나 생각하시면 될 것 같습니다.

한편 러셀의 제자인 비트겐슈타인은 언어분석철학을 단순히 지엽적인 언어문제에 국한하지 않고 이 세계와 관련된 좀 더 큰 스케일의 철학을 전개합니다. 책『논리철학논고』에서 비트겐슈타인은 언어와 세계가 같은 '논리적 구조'를 갖고 있다고 주장합니다. 언어는 세계와 대응합니다. 따라서 어떠한 명제가 있을 때에 이 세계와 비교해봐서 걸리는 것이 없으면 그것은 의미 없는 명제입니다. 예를 들어 '신은 전지전능하다'라는 명제는 이 세계에서 확인할 수 없기 때문에 사이비 명제입니다. 종교적 명제, 예술적 명제들도 모두 참, 거짓을 확인할 수 없는 명제이므로 학문적으로는 배격됩니다. 그것은 실천의 영역입니다. 비트겐슈타인과 관련해서는 그의 철학을 공부한 투자자들을 통해서 한번 더 이야기를 나누겠습니다. 다만 논리와 관련된 비트겐슈타인의 말 중에서 몇 가지는 기억할 만합니다.

1.13 논리적 공간 속의 사실들이 세계이다.

2.012 논리 안에서는 아무 것도 우연적이지 않다: 사물이 사태 속에 나타날 수 있다면, 그 사태의 가능성은 사물 속에 이미 선결되어 있어야 한다.

2.223 그림이 참인지 거짓인지 인식하려면, 우리는 그것을 현실과 비교해야 한다.

6.1 논리학의 명제들은 동어 반복들이다.

6.11 그러므로 논리학의 명제들은 아무 것도 말하지 않는다.

6.124 논리학의 명제들은 세계의 골격을 기술한다.

6.13 논리학은 이설(理說)이 아니라 세계의 거울상이다.[14]

논리적 측면에서는 여러 변할 수 없는 사실들을 확인할 수 있습니다. 비트겐슈타인의 표현을 빌리자면 이 세상의 철골구조 같은 것들이 존재합니다. 예컨대 인간은 컴퓨터보다 계산을 잘 할 수 없습니다. 언젠가 IBM칩이든 구글칩이든 인간 두뇌에 삽입하여 컴퓨터보다 빠른 계산을 할 수 있는 날이 올지도 모르겠습니다. 하지만 지금의 패러다임으로는 확실히 인간은 컴퓨터보다 계산을 잘 할 수 없습니다. 이것은 인간 모두에게 적용될 수 있습니다. 니체도, 아인슈타인도, 저도 컴퓨터보다 계산을 잘 할 수 없습니다. 이것은 전제하고 사유를 시작해야 합니다.

투자에 있어서도 논리적 형식이 있습니다. 패러다임이 있습니다. 다만 현실세계에서는 그 논리적 형식이 100%라고 자신할 수는 없습니다. 사안에 따라 그 확실성이 좀 더 올라가거나 할 수는 있겠습니다.

예컨대 2019년의 투자환경에서 '미국이 금리를 올리고 중국과 무역전쟁을 하면 글로벌 증시에는 부담이 된다'는 것은 확실성이 꽤 높아서 '실증적'이라기보다는 '논리적'입니다. 그냥 이 시기의 패러다임에 내재되어 있다고 보는 것이지요. 이 경우 두 가지의 대응방안을 자연스럽게 도출할 수 있겠지요.

'금리를 인정사정 없이 올리고 무역전쟁이 파국으로 치달으면 주식시장에서 돈을 빼야 된다'

'금리 인상을 멈추고 무역전쟁이 양국간의 호혜적인 협정으로 끝을 맺으면 주식시장에서는 조심스럽게 투자를 고려할 수 있다'

이런 식으로 믿을 만한 명제들을 쌓아 올리면 투자의 구조를 일단 잡을 수 있게 됩니다. 그리고 이러한 확고한 구조 아래에서 전략은 자연스럽게 도출이 됩니다.

(2) 확률

투자는 어떤 형태이든지 간에 과거 혹은 현재의 데이터를 토대로 미래를 예측하려는 형태를 띨 수밖에 없습니다. 앞서 이야기한 '논리'를 사용하는 것도 과거 혹은 현재의 형식이 그대로 미래에도 관통하기를 바라면서 투자하는 것이지요. 그런데 무조건 논리적으로, 형식적으로 맞을 수밖에 없다는 것은 현실에서는 매우 드문 일입니다. 현실에서는 우연적인 속성이 현실에 개입하게 되지요. 즉 인간이 완벽하게 제어할 수 없는 일들이 일어나곤 합니다. 그래서 인간은 여러 경우의 수를 따지는 확률의 사고를 도입하게 됩니다.

확률에는 '통계적 확률'과 '수학적 확률'이 있습니다. 통계적 확률은 축적된 사실들, 즉 경험에 기반하며 수학적 확률은 경험해 보지 않아도 직관적으로 도출됩니다.

먼저 통계적 확률은 실제 데이터를 보고선 확률을 재는 것입니다. '플레이오프에서 처음 경기를 이긴 팀이 시리즈를 가져갈 확률은 과거 통계로 보았을 때 90%이다'와 같은 것이지요. 이것은 일종의 귀납적 추론(inductive reasoning)에 해당하는데요. 과거에 어떠한 현상이 높은 확률로 반복되었다면 미래에도 그 현상이 반복되리라고 기대하는 것이지요.

반면 수학적 확률은 경험적인 통계가 필요하지 않습니다. 그런 의미에서 '선험적'이라고 이야기를 하지요. 예를 들어 주사위를 던졌을 때 3이 나올 확률은 1/6로 경험하지 않아도 알 수 있습니다. 수학적으로 정해져 있는 확률입니다.

통계적 확률을 구할 때 통계량을 늘리면 통계적 확률은 수학적 확률에 근접하게 됩니다. 이를 '대수의 법칙'이라고 합니다. 즉 주사위를 실제로 10번 던졌더니 3이 딱 한 번 나왔습니다. 그러면 이때 3이 나온 확률은 1/10에 불과합니다. 그러나 주사위를 100번, 1000번 던지다 보면 3이 나올 확률은 수학적 확률 1/6에 가까워집니다. 그냥 이런 관계가 있다 정도만 아시면 되겠습니다.

이러한 통계적 확률과 수학적 확률은 모두 객관적 확률로 분류가 됩니다. 그러면 주관적인 확률도 있겠지요. 바로 베이즈 확률입니다. 베이시안 확률, 베이지안 확률, 베이즈 확률 등 여러 용어로 쓰이지만 다 같은 말입니다. 베이즈 확률은 정보가 부족한 상황에서도 주관적으로 확률을 구할 수 있다는 바로 그 점 때문에 인공지능 분야에서도 활약하고 있습니다.

모든 투자자들은 어떤 형태로든 확률적 사고를 할 수밖에 없습니다. 이러한 투자자들 중에서 특별히 확률적 사고를 많이 사용하는 이들이 있습니다. 우선 수학과 확률이라는 도구를 통해 시장의 불균형을 찾아내고 돈을 버는 퀀트 진영이 있습니다. 이들은 보통 효율적 시장 가설을 믿지 않습니다. 그리고 시장은 항상 균형 상태이고 무작위적이라는 가정 하에 정규분포에 근거한 포트폴리오를 구축하여 돈을 버는 전략적 자산배분 진영이 있습니다. 이들에 대해서 한 번 살펴보도록 하겠습니다.

▶ 퀀트
- - - - -

먼저 퀀트입니다. 퀀트들은 정의상으로는 오로지 정량적인 데이터만을 봅니다. 정성적인 데이터를 고려하지 않습니다.

퀀트들은 통계적인 데이터를 활용해서 시장에서 일시적으로 발생하는 불균형 혹은 시장평균수익률을 초과하는 수익률을 먹으려고 합니다. 불균형을 찾아내는 일은 사람이 할 수도 있고 머신러닝이 할 수도 있겠지요. 기존의 퀀트들은 사람이 직접 어떠한 투자전략에 대한 아이디어를 떠올리고 알고리즘화해서 백테스트(투자전략을 과거 데이터에 적용)해 보고 실전에 사용하는 방식입니다. 사람이 아닌 머신러닝이 직접 전략을 개발하는 경우에는 아직 괄목할 만한 실적에 대한 소식은 없습니다. 하지만 이제 시작한 지 얼마 안 된 분야인 만큼 좀 더 시간을 두고 지켜봐야 할 것 같습니다.

퀀트들은 통계적인 데이터를 어떻게 활용할까요? 그것은 통계에서 어떤 패턴을 발견한다는 것입니다. 과거 통계를 보았더니 A, B 주식의 가격이 같이 가는 상관관계가 높았습니다. 근데 최근에 A, B 주식의 가격이 벌어졌단 말이죠. 그러면 이 일시적인 불균형이 균형상태로 돌아갈 것으로 예상하고 투자를 할 수 있겠습니다. 예를 들어 삼성, 현대, 대림, 대우, GS 등 대형건설사의 주가는 같이 가는 경향이 강합니다. 그런데 이 중 하나의 주식이 별다른 요인 없이 가격이 떨어진다면 이 주식을 매수하고 다른 주식들을 매도하는 전략을 사용할 수가 있겠습니다.

또는 여러 요인 a, b, c, d와 A주식 움직임의 상관관계가 파악되었습니다. 그러면 이 요인들이 변화하는 값을 토대로 A주식의 가격을 예측해 볼 수 있겠지요. 예를 들어 유가가 오르고 환율이 오르면 항공관련 주식이 악영향을 받는다는 통계 데이터가 확인되었다면, 국제 유가와 환율 움직임에 빠르게 대처할 수가 있을 것입니다.

그런데 통계에서 패턴을 발견하고 미래에 그 패턴을 적용시킨다는 것은 불완전성을 내포할 수밖에 없습니다. 아니 사실 완전히 논리적인 매매 상황을 제외하고 모든 투자전략은 불완전합니다. 물론 퀀트들도 과거 데이터 분석을 그대로 미래에 적용하지는 않습니다. 저마다의 방법으로 미래 수익률을 예측하려고 노력하지요. 이 부분이 능력 있는 퀀트를 차별화시켜 주는 요인일 것입니다. 즉 통계를 활용하기 때문에 과학적이라는 느낌을 많이 주기는 하지만 본질적으로는 직관력, 통찰력을 비롯해서 인간의 능력이 중요한 역할을 합니다.

예를 들어 퀀트들도 모든 데이터를 분석할 수는 없습니다. 비용의 제약이 있지요. 그런데 특정 데이터 set을 선정하는 일은 어떻게 이루어질까요. 누가 대신해 주지 않지요. 본인이 결정해야 합니다. 경험에 기대든지, 이론에 기대든지 하여간 처음에 선택이 존재합니다. 이 데이터를 분석할 때 완전히 컴퓨터에 맡기지 않는다면 역시 인간 퀀트가 분석을 합니다. 눈이 삼각형인 사람에게는 삼각형만이 보이듯이, 그가 어떠한 이론과 경험에 의해서 단련이 되었는지에 따라 보이는 패턴이 다를 것입니다. 물론 선지식 이외에 우연히 얻어걸리는 패턴들도 있을 것입니다. 아무튼 퀀트는 자신이 발견한 패턴들을 알고리즘화합니다. 이 알고리즘은 과거 데이터를 통해 테스트를 해 보기도 하고 현 시점의 데이터에도 가상적으로 적용해 보기도 합니다. 그리고 나서 이제 시장에서 실전을 치릅니다. 잘 통하는 것 같습니다. 그런데 그 다음에도 여러 위험이 있습니다. 나의 알고리즘을 누가 뺏어가서 모방하지는 않을지 걱정해야 합니다. 또한 나의 알고리즘을 타겟으로 하는 알고리즘을 개발하는 적군이 있을 수도 있습니다. 결정적으로 시장의 속성이 갑자기 변할 수가 있습니다. 통하던 요인들이 더 이상 먹히지 않고 같이 가던 주식들이 서로 결별을 고합니다.

결론적으로 확률적 통계에는 우연적 속성이 가미되고 시장의 속성이 변화하고 또한 시장참여자가 시장의 속성을 변화시키기 때문에 퀀트들도 끊임 없이 노력하고 변화하고 적응해야 하는 것이지요. 자동적인 매매, 요술 법칙 같은 것은 없다는 이야기입니다.

▶ 전략적 자산 배분

투자세계에 입문하게 되면 주류학계의 이론들을 우선 배우게 됩니다. 그 이론들은 전통적인 경제학이 흔히 그렇듯이 '합리적 인간'을 전제하며 주가의 움직임을 '무작위적'(랜덤워크)으로 바라보고 시장과 정보의 관계에 있어서는 '효율적 시장'을 가정합니다. 바꿔서 이야기하자면 합리적 인간들이 경쟁적으로 정보를 획득하여 시장가격에 반영시키기 때문에 주가의 움직임은 그때그때마다 무작위적입니다. 마치 술 취한 사람이 비틀거리는 발걸음처럼 다음을 예상할 수가 없습니다. 누군가 특정한 정보를 이용하여 돈을 벌 수 없다는 이야기입니다.

그런데 무작위적이라는 것이 완전한 무질서를 의미하지는 않습니다. 거기에도 확률은 존재합니다. 정규분포라는 형태로 말이지요. 정규분포는 쉽게 말해서 평균을 중심으로 데이터들이 몰려 있는 모습을 연상하시면 됩니다. 특히 자연세계에 존재하는 많은 사물들은 정규분포의 형태로 존재합니다. 학자들은 이 정규분포를 금융투자의 세계에도 끌고 옵니다. 그리고 정규분포를 근거하여 리스크와 기대수익률을 계산하여 포트폴리오 분산투자를 하게 되지요. 즉 리스크와 기대수익률의 짝을 맞춰서 최적의 포트폴리오를 구성해나가게됩니다. 통계적 확률을 동원하여 상관관계가 낮은 자산들로 분산투자하여 리스크는 낮추고 수익률은 높인다는 패러다임입니다. 그리고 투자대상으로는 보통 인덱스 펀드를 선택하게 됩니다.

말이 조금 어려울 수 있겠습니다. 그러나 본질적으로는 간단한 이야기입니다. 예를 들어 고대전쟁에서는 식량의 보급이 매우 중요하였습니다. 적의 기습에 대비하여 식량을 효율적으로 분산하여 지키는 것이 매우 중요했지요. 삼국지에 나오는 관도대전을 보면 조조의 부대가 오소라는 곳에서 원소 부대의 식량 1만 수레를 전부 불태워버림으로써 전쟁의 흐름을 완전히 뒤집게 됩니다. 만약 원소가 전쟁에서 매우 중요한 식량을 분산하여 배치를 하였다면 단 한번의 기습에 그렇게 무너지지는 않았을 것입니다.

단 한번에 무너지지 않을 구조를 짜는 것, 이것은 위험을 회피하는 분산을 통해 가능한 것입니다. 만약 식량을 나눠서 보관했더라도 식량 보관 장소들의 거리가 가까웠다면 역시 기습으로부터 식량을 보호하는 것이 어려울 것입니다. 하나가 무너지더라도 다른 하나가 생존할 수 있어야 합니다. 이것이 바로 상관관계가 낮은 자산들로 분배한다는 개념입니다. 전략적 자산 배분을 추구하는 투자자들은 이러한 환상적인 배분 구조를 찾아내는 데 중점을 둡니다.

　다음 그림을 한번 보시겠습니다. 여러 자산들을 혼합하여 각각 A, B, C라는 포트폴리오를 만들고 이들의 수익률과 위험을 계산하였습니다. A와 B 포트폴리오를 비교하게 되면 수익률은 둘 다 같지만 A 포트폴리오가 B 포트폴리오에 비해서 위험이 낮습니다. 따라서 A 포트폴리오가 좀 더 좋은 포트폴리오입니다. 또 A와 C 포트폴리오를 비교하게 되면 위험은 둘 다 같지만 C 포트폴리오가 A 포트폴리오에 비해서 수익률이 높습니다. 따라서 C 포트폴리오가 좀 더 좋은 포트폴리오입니다. 이런 식으로 여러 자산들을 섞어 가면서 좋은 포트폴리오를 찾아나가게 됩니다.

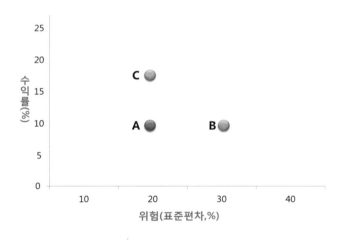

　중요한 것은 데이터 값 측정의 전제가 되는 정규분포입니다. 이

에 대해서 살펴보죠. 제가 길거리를 나가서 처음 만나는 성인 남성의 신장을 정확히 예측할 수는 없습니다. 176cm일 수도 있고 170cm일 수도 있습니다. 그런 의미에서 무작위적입니다. 그러나 제가 길거리에 나가서 만나게 될 성인 남성 1,000명의 평균을 예상해 보라고 하면 대충은 예상할 수 있을 것입니다. 대한민국 남성 평균 신장인 173~174cm 정도에 평균을 이루고 있을 것입니다. 그리고 아래와 같이 173~174cm를 중심으로 종모양의 그래프를 그리겠지요. 그리고 2m 7cm의 서장훈 같은 사람은 현실에서 만나기가 확률적으로 무척 어려울 것입니다.

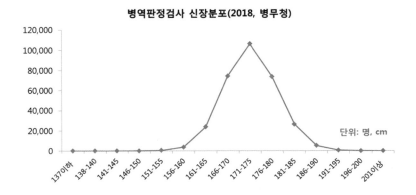

주식시장에 적용을 해 볼까요. 랜덤워크 이론과 효율적시장가설에 따르면 주가의 움직임은 무작위적이라서 내일 주가가 오를지 내릴지의 확률은 50:50입니다. 주가에 영향을 미치는 정보는 즉각 반영되었기 때문에 매일매일의 주가는 독립적으로 이루어집니다. 그런데 무작위적이라는 말이 완전한 혼돈을 의미하지는 않습니다. 매일매일의 주가는 일정한 평균을 중심으로 뭉쳐 있습니다. 그 통계를 이용해서 내일의 주가변동확률을 구할 수가 있습니다. 그리고 이 변동에 대한 확률을 금융이론에서는 리스크로 봅니다. 즉 예상되는 평균에서 얼마나 거리가 떨어져서 변동할 것인가를 측정하여 리스크 값으로 쓴다는 것입니다. 결국 관건은 주식시장에서의 사건들이 독립적으로 이루어지면서 정규분포를 그리느냐입니다. 이 정규분포를 놓고 벌어지는 논쟁 중에 다음과 같은 주장도 있습니다.

주식시장에서는 '통계적 예외현상'이 자주 발생합니다. 주식시장은 꼬리가 얇은 전형적인 정규분포를 만들어내지 않고 꼬리가 두꺼운 팻테일(Fat tail)의 모습을 만들어 냅니다. 즉 가운데 평균값과 거리가 먼 극단값이 발생할 확률이 높습니다. 자연계에서는 키가 5m인 사람이 등장하는 것도 어렵고 더군다나 매년 태어나는 일은 매우 어려운 일이지만 금융시장에서는 종종 그런 일들이 발생합니다. 그렇기 때문에 일반적인 정규분포에 따라서 투자 포트폴리오를 구성했지만 예상치 못했던 하락, 즉 '블랙 스완'에 의해서 모든 것이 망가질 수 있습니다.

결론입니다. 우리는 확률 통계를 통해서 투자에 접근합니다. 그리고 이 도구는 투자에 있어서 매우 유용합니다. 거의 모든 투자자들

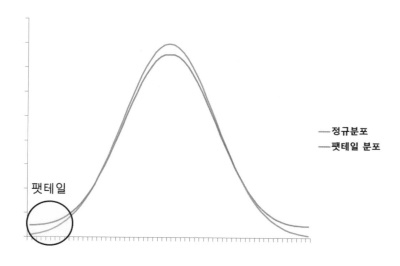

정규분포
팻테일 분포

팻테일

이 사용합니다. 그러나 확률 통계 역시 과학적인 느낌을 많이 주기는 하지만 본질적으로 불완전하다는 것을 우리는 알아야 합니다. 그것은 사실 확률 통계의 문제점이라기 보다는 인간 자체가 불완전하다는 것, 즉 미래를 완전히 장악할 수 없다는 것을 의미하겠지요. 그런 한계를 인정하는 바탕 위에 확률과 통계의 도구를 적절히 활용하는 것이 인간이 할 수 있는 최선일 것입니다. 마지막으로 책 『리스크』에서 소개된 라이프니츠의 말을 기억하면 좋겠습니다.

자연은 사건의 반복에서 생겨나는 패턴을 확립해왔다(자연은 되풀이하면서 일정한 패턴을 드러낸다). 그러나 그것은 단지 대개의 경우 그렇다는 것이다.
- 라이프니츠[15]

역사/예술

(1) 역사

투자자들은 역사를 활용할 수도 있습니다. 투자에서 역사가 주는 교훈은 '모든 것은 변한다'는 사실 하나와 그럼에도 불구하고 '역사는 비슷하게 반복된다'는 사실 하나입니다. 이러한 역사적 사고만으로 투자를 하는 것도 가능하겠지만 역사를 보조적으로 활용할 수도 있습니다.

특히 확률적 사고로 미래를 대비한다고 했을 때, 온전히 확률만 의지하기에는 불안하거든요. 이 때 역사적 사고가 보완을 해 줄 수 있습니다. 통계가 말하는 것이 역사적 맥락과 일치할 때 그 신빙성은 더 올라갈 수 있는 것이지요. 물론 정량적 데이터를 이용하여 투자하는 퀀트는 원래 주관적 해석을 섞는 것을 매우 꺼리지만, 일부 퀀트들은 이러한 역사적 사고를 가미하여 판단합니다.

유명한 투자 이론가인 윌리엄 번스타인은『현명한 자산배분 투자자』라는 책에서 방대한 통계자료들을 활용하면서 자산배분 전략을 논합니다. 그리고 그는『무역의 세계사』라는 책을 통해서 무역을 놓고선 벌어졌던 역사적 사건들을 조망하기도 합니다. 그는 한 손에는 '통계적 데이터', 한 손에는 '역사적 사건'을 들고선 투자의 세계를 다양한 각도에서 살펴봅니다.

▶ 역사는 반복된다

그럼 '역사는 비슷하게 반복된다'는 것에 대해서 이야기를 먼저 해 보겠습니다. 오크트리 캐피털 매니지먼트(Oaktree Capital Management)의 회장 하워드 막스는『투자와 마켓 사이클의 법칙』에서 마크 트웨인의 말을 다음과 같이 인용하였습니다.

역사는 그대로 반복되지 않지만, 그 흐름은 반복된다.   - 마크 트웨인[16]

최근 가장 핫한 헤지펀드 매니저 중의 하나인 레이 달리오는 역사 공부의 중요성을 다음과 같이 설파합니다.

나는 역사를 공부하는 가치를 알게 됐다. 과거에 일어났던 사건은 '비슷한 사건 가운데 하나'라는 것이다. 나는 자국 통화로 표시된 부채는 정부의 도움으로 성공적인 구조조정이 가능하고, 중앙은행들이 동시에 부양정책을 실행하면 인플레이션과 디플레이션은 서로 상쇄되면서 균형을 유지할 수 있다는 사실을 알았어야 했다. 1971년과 마찬가지로 나는 역사의 교훈을 깨닫는 데 실패했다. 이런 깨달음을 통해 나는 100년 전의 시장과 중요한 국가의 모든 움직임을 연구하고, 시간에 관계없이 보편적으로 적용할 수 있는 신중하게 검증된 의사결정 원칙들을 만들기 위해 노력하게 되었다.　　　- 레이 달리오[17]

　역사는 비슷한 유형 혹은 리듬으로 반복된다는 것. 여기에서 우리는 역사 속에서 비슷한 사례를 비교하면서 고찰해 볼 수 있습니다. 과거에 비슷한 사건이 있었다면 거기에서 교훈을 얻을 수 있습니다. 한국정부의 외교부, 국방부에서 일하는 공무원들도 100년 전 열강의 각축장이 되어 버렸던 조선의 역사를 공부하면 좋겠지요. 당시의 조약, 협상을 공부함으로써 반복하지 말아야 할 실수들, 조심해야 할 사항들을 확인할 수 있습니다.

　투자의 입장에서는 비슷한 사건들을 과거에서 발견해 내고 투자판단에 대한 보조수단으로 활용할 수 있습니다. 예를 들어 2019년 상반기에 미국채의 장단기 금리 역전 현상이 발생하였습니다. 이러한 장단기 금리 역전 현상은 과거에 5번 있었는데, 그때마다 예외없이 곧 불황으로 이어졌습니다. 여기에서 두 가지 갈림길이 있을 것입니다. '모든 사람들이 겁을 먹을 때 그 일이 오히려 닥치지 않는다'는 역설에 기대는 낙관론 하나와 다른 하나는 '역사에 완전한 법칙은 없기에 확신할 수는 없지만, 과거 매우 높은 확률로 반복되었던 일에 대해서는 조심해야 한다'는 신중론입니다. 하여간 여기에서 우리는 과거 역사에서 '장단기 금리차 역전'이라는 사건들을 발견해 내고 어떻게 대응해야 할지 생각해 볼 수 있었습니다. 이것만으로도 좋은 계기가 된 것입니다.

그런데 역사는 왜 반복되는 것일까요. 그것은 아마도 인간의 본성이 크게 변하지 않고 대개는 비슷한 성향을 보이기 때문일 것입니다. 특히 여러 고전문헌들을 살펴보다 보면 말이죠, 사람이라는게 잘 변하지 않는다는 사실을 많이 느낄 수 있습니다. 예를 들어 아리스토텔레스의 『수사학』에 보면 이런 구절이 나옵니다.

부자가 되는 것이 더 나은지 아니면 현인이 되는 것이 더 나은지 히에론의 아내가 물었을 때 시모니데스는 부자와 현인에 대해 다음과 같이 대답했다. "그야 부자가 되는 것이 더 낫지요."라고 그는 대답했다. "나는 현인들이 부자들 문간에서 시간을 보내는 것을 보았으니까요."[18]

저는 이 구절을 보고선 '참 그 옛날에도 지금과 별반 다를 바 없이 똑같았구나'라는 생각을 했습니다. 특히 '현인들이 부자들 문간에서 시간을 보낸다'는 표현이 참 재미있습니다. 이처럼 인간의 본성이 쉽게 변하지 않기 때문에 인류역사의 진행과정에서도 비슷한 사건들을 계속해서 만들어 내는 것이겠지요.

역사는 반복된다

▶ 모든 것은 변화한다
- - - - - - - - - - - - - -

　역사를 통해 배울 수 있는 것은 반복되는 패턴뿐만 아니라, 역사에는 영원한 승자도 없고 항상 모든 것이 변화한다는 사실을 우리에게 알려줍니다. 사실 문자적으로는 다 알고 있는 내용입니다. 그러나 역사를 공부하면 모든 것이 변화한다는 것이 온 몸으로 느낄 수 있습니다. 큰 흐름 속에서 모든 것이 변화한다는 사실을 판단할 수 있게 됩니다. 모든 것은 변한다는 것. 여기에서 우리는 변화의 흐름 위에 사건들을 놓고 생각하는 법을 배울 수 있습니다. 짐 로저스는 다음과 같이 모든 것이 끊임 없이 변화한다고 말합니다.

역사상 어느 해를 보더라도 그 해로부터 15년 후에는 세계가 판연히 달라져 있다. 1900년에 사람들이 맞는다고 생각했던 것이 1915년에는 모조리 틀린 것으로 밝혀졌다. 1930년과 1945년, 1960년과 1975년⋯. 어느 해를 봐도 그러하다.
- 짐 로저스[19]

짐 로저스를 비롯하여 많은 투자자들이 역사를 공부하는 것의 이점에 대해서 설명합니다. 역사를 공부하게 되면 비슷한 일들이 반복적으로 발생하기도 하고, 때로는 완전히 새로운 일들이 우발적으로 발생한다는 사실을 알게 됩니다. 그리고 나서 자연스럽게 이렇게 깨닫습니다.

"세상에 변하지 않는 일은 없구나." 혹은 "이거 그 때랑 비슷한 상황인 것 같은데!" 등등.

자본주의 역사도 이런 식으로 이해할 수 있습니다. 과거를 보지요. 대항해 시대의 패권은 희망봉을 발견한 포르투갈에서 남미를 개척한 스페인으로 그리고 다시 선진금융체제 하에서 신교도들의 네트워크로 뭉친 네덜란드로 옮겨갔습니다. 그리고 명예혁명을 통해서 정치, 경제적으로 체질을 개선하고 네덜란드의 시스템을 이식한 영국이 그 후 바통을 이어받습니다.

이런 식으로 역사를 공부하다 보면 '이 세상에 변하지 않는 것이 없구나'라는 생각을 저절로 하게 됩니다. 그리고 현재 시점에서 발생하는 일들도 개별적인 사건으로 인식하는 것이 아니라 어떤 흐름, 맥락 위에 서 있는지 생각하게 됩니다. 즉 역사를 공부함으로써 현재의 사건도 연속적인 움직임으로 이해하게 되는 자연스러운 습관을 갖게 됩니다. 특히 초장기적으로 보면 영원한 승자가 없다고 이야기하는 마크 파버의 말을 기억할 만합니다.

지난 1000년간의 투자경험에서 우리가 얻어야 할 교훈은 무엇일까? 경제적, 사회적, 정치적 '변화'만이 유일한 상수였다는 생각이 들 것이다. 한때는 위대한 투자였던 것이 다른 시기에는 재앙이었고, 아주 장기적인 성공투자는 거의 없었다. 사업, 식민지 경영, 발명, 혁신, 정복, 합병 가운데 그 어느 것에서도 성공보다 실패가 훨씬 더 많았다. 아무리 성공적인 투자였다 해도 아주 장기적으로 5%의 수익률을 보장해준 투자는 없었다.   - 마크 파버[20]

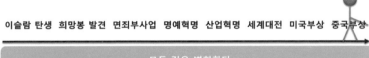

이슬람 탄생 희망봉 발견 면죄부사업 명예혁명 산업혁명 세계대전 미국부상 중국부상

모든 것은 변화한다

'역사는 반복된다'와 '모든 것은 변화한다'를 어떻게 조화시켜서 생각할 수 있을까요. 저는 이런 식으로 생각을 합니다. 우리 모두는 자유롭습니다. 어린 아이가 자라나서 성인이 될 때까지 그 아이가 어떤 식으로 성장할지 정확하게 예측할 수 없습니다. 그런 의미에서 변화라는 것은 항상 존재할 수밖에 없으며 그 미래는 항상 열려 있다고 볼 수 있습니다.

그러나 한편으로 우리가 한 사람을 오랫동안 사귀어 보면 그 사람이 어떻게 미래를 열어 나갈지 대충은 짐작할 수 있습니다. '꼭 그대로 된다'라는 확실성은 아니지만 경향성 같은 것은 확인할 수 있지 않습니까. 2~3년차 프로 축구선수들을 보면 100%의 확률은 아니지만 대충 국가대표급 재원인지 아닌지 알 수가 있습니다.

마찬가지로 역사를 공부하면서 현재 일어나는 사건들에 적용시킬 때, 우리는 모든 것이 변화할 수 있다는 것을 인정하고 받아들이되, 다른 한편으로 그것들을 하나의 개별적 사건으로서만 이해하는 것이 아니라 그 사건들이 발 딛고 서 있는 곳이 어떠한 땅인지 맥락적으로 이해하고자 노력하면 될 것입니다.

(2) 예술

여기까지의 이야기들을 잠시 정리하고 예술에 대한 이야기로 넘어가겠습니다. 논리, 특히 형식논리학은 정지된 세계에 좀 더 잘 들어맞습니다. 시간이라는 변수가 개입하면 우연성이 등장하게 됩니다. 이 때는 논리학 이외에 확률 통계라는 도구가 필요합니다. 그런데 확률 통계는 과거 데이터를 통해서 미래를 진단한다는 점에서 불완전할 수 있습니다. 이때 역사적 사실들에 대한 공부가 이를 보완해 줄 수 있습니다. 역사에서 반복된 사실들과 변화하는 사실들을 공부해서 통계 데이터의 결론을 다른 각도에서 바라볼 수 있는 것이지요. 그러나 확률 통계든지 역사든지 과거를 통해서 미래를 재단한다는 점은 변함이 없습니다. 미래를 꿰뚫어 보고 새로운 것을 창조하기 위해서는 좀 더 다른 도구가 필요할 듯 합니다. 이때 예술이 사용될 수 있습니다. 예술에 대한 이야기를 해 볼까 합니다.

먼저 투자 세계에서 해묵은 질문 하나를 던집니다. 투자는 과연 예술에 가까울까요, 아니면 과학에 가까울까요. 아니면 절반은 예술이고 절반은 과학인 그런 애매한 것일까요. 투자의 세계에서는 일단 많은 과학적 이론, 방법론, 용어들이 차용되었기 때문에 과학적 사고가 대세를 이루고 있는 것 같습니다. 하지만 그렇다고 해서 예술적인 사고가 완전히 빛을 잃어버린 것은 아닌 것 같습니다. 유명한 가치투자자인 세스 클라만은 "예술이 첫 번째요, 기술이 두 번째요, 과학이 세 번째입니다"[21]라고 말하기도 하였습니다. 그럼 투자의 세계에서 예술적인 사고는 어떠한 역할을 하는지 좀 더 살펴보겠습니다.

월스트리트에는 많은 금융인들이 일을 하지요. 저마다 금융에 관한 많은 이론을 배우고 시장에 진입을 합니다. 회사에 들어와서도 끊임 없이 교육을 받으면서 시장경험을 쌓습니다. 그런데 똑같이 이론을 배웠지만 누구는 좋은 실적을 거두고 누구는 좋은 실적을 거두지 못합니다. 왜 그럴까요? 그것은 그들이 배운 이론이 현실에서 완벽하게 들어맞지 않기 때문입니다. 그들은 각자 시장에서 경험을 쌓으면서 어떠한 부분이 잘 작동하고 어떠한 부분이 잘 작동하지 않는지 몸으로 체득하여야 합니다. 금융이론은 과학적 이려고 노력을 하지만 완전히 과학이론은 아닙니다. 과학의 이론과 법칙은 현실세계에서도 대부분 잘 들어맞고 우리가 믿고 사용할 수가 있습니다. 이를 바탕으로 기술을 발전시키고 인간이 사용할 수 있는 많은 물건들을 생산할 수가 있는 것이지요. 반면 금융이론은 사람과 이 사회를 대상으로 합니다. 사람이 사람과 서로 작용하고 반응하는 데에 과학적 법칙만으로 설명할 수 있을까요? 그렇지 않지요. 인간은 변덕스럽고 욕망에 휩쓸리면서도 또한 법칙을 만들고 합리적으로 생각하려고 노력합니다. 또한 대의명분을 따지고, 법을 만들어 규제하지만 또 그 법을 어기면서 자신이 원하는 바를 달성하는 그런 여러 다면적인 면을 갖고 있는 것이 인간입니다.

그럼 실리콘 밸리로 가 볼까요. 커다란 사업기회, 커다란 투자기회는 기존의 산업이나 사업을 모방하는 곳에서는 잘 발생하지 않습니다. 기존의 시장은 경쟁자들이 존재하면 수익률이 떨어질 것이기 때문입니다. 창조적이고 예술적인 사고로 새로운 시장을 창출하고 일시적으로라도 독점을 만들어 내면 높은 수익률을 거둘 수 있습니다. 이러한 새로운 사업이나 투자기회를 만들어 내는 것은 모방하고 복제하고 남을 따라 하는 방식에서는 발생할 수 없습니다. 질적으로 다른 사람들과 다르게 만드는 무언가가 있어야지 시장을 초과하는 수익률을 거둘 수 있는 것입니다. 이것은 개념적으로 논리적으로 그럴 수밖에 없습니다. 이 세상에 '새로운 것을 채운다, 창조한다'는 것은 어떠한 법칙적인 것에 의해서 기존 영역 안에서 반복되는 것이 아니라 새롭게 영역을 확장한다는 의미를 갖습니다.

남들이 볼 수 없는 것을 보게 해 주고, 새로운 것을 만들 수 있는 능력, 이것은 '예술적'이라고 표현할 수 있습니다. 확인된 사실, 객관적인 사실을 엄밀하게 다루고자 노력하는 과학과는 다르게 예술은 예술가 자신의 주관성을 얼마든지 투입하여 작품을 찍어냅니다. 물론 엄밀히 이야기하면 과학자들도 하나의 선입견 혹은 패러다임에 붙잡혀 있습니다. 현재 지배적인 과학이론의 관점에서 데이터를 해석합니다. 따라서 주관성이 투입되지 않는 것은 아닙니다. 그러나 이들의 주관성은 과학적 이론으로 과학자 공동체 내에서 공유된 주관성이라 볼 수 있습니다. 과학자 개인 하나 하나가 자신이 홀로 경험한 것들을 토대로 하지 않습니다. 공유된 이론의 관점에서 되도록 개별적 경험과 감각을 제거하고 객관적이기 위해서 노력합니다.

그러나 예술가는 얼마든지 기꺼이 자기 자신을 작품에 투영시킵니다. 이러한 주관성이 활발하게 활동할 수 있는 공간이 상상력의 공간입니다. 과학은 관찰된 것, 확인된 것, 현재 측량할 수 있는 것을 우선시합니다. 그러나 우리가 정확히 알 수 없는 것, 볼 수 없는 것에 대해서는 인간의 상상력이 동원되어야 합니다. 그리고 예술가로서 쌓아온 주관성을 이 상상력의 공간에 투영하게 됩니다.

물론 이러한 내용들은 일반적으로 그렇다는 것입니다. 과학과 예술의 경계가 무너지는 지점도 존재하지요. 예를 들어 아인슈타인이 주장한 '빛이 중력에 의해서 휜다'라는 가설은 처음 제기될 때, 관찰에 의해서 확인된 내용이 아니었습니다. 오로지 창조적인 정신으로, 이론적으로 제시한 것이었습니다. 그리고 실제로 해당 가설을 증명하는 관찰내용들을 나중에 확보하게 되었습니다. 따라서 과학자들도 예술로서 과학을 할 수 있습니다. 어떠한 사고방식, 어떠한 태도로 연구에 임하느냐에 따라 과학자는 그 순간 예술가일 수도 있고 과학자일 수도 있습니다.

다시 투자에 대한 이야기로 돌아와 보죠. 사람들이 현실세계의 겉모습에만 빠져 있어 미처 알아채지 못한 경제구조의 변화를 상상력을 동원해서 읽어내고 투자에 적용하고자 한다면 예술적인 통찰력을 동원해야 합니다. 또한 사람들이 불편해하는 것들을 해결해 줄 수 있는 상품과 서비스를 설계하는 것, 사람들의 지루함을 없앴을 수 있는 지금까지 없었던 새로운 즐거움을 창조하는 것 또한 예술적인 상상력이 없으면 불가능한 일이겠지요.

이러한 예술적인 태도 혹은 능력을 갖기 위해서 우리는 꼭 이론적으로 예술을 공부할 필요는 없을 것 같습니다. 그저 여러 예술작품들을 공부하고 거기에서 상상력의 나래를 펼쳐 보고 주어진 틀에 사로잡히는 것이 아니라 미래에 다가오는 것들에 대해서 생각해 보는 습관이 필요할 뿐이죠. 참고로 저는 가끔 『언플래트닝, 생각의 형태』이라는 책을 보곤 합니다. 텍스트가 중심이 아니고 전체가 그림으로 되어 있는 책이기에 핵심 메시지가 개념적으로 뇌리에 뚜렷하게 남지는 않는데요. 대신 책을 들춰 볼 때마다 그 순간에 현상적으로 경험할 수 있는, 그림책만이 줄 수 있는 어떤 특별한 가르침이 있습니다. 이 책을 읽어 보면 텍스트와 구별되는 이미지와 예술의 힘을 느낄 수가 있습니다.

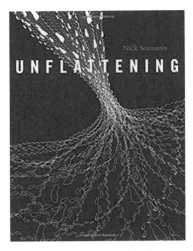

『언플래트닝, 생각의 형태』
영문판 표지

한편으로 예술을 투자에 끌어들이는 방식은 기준이 모호한 것 같기도 합니다. 누구나 다 이러한 능력을 갖게 되는 것도 아니고 이런 능력을 갖고 있다는 것에 대한 측정도 불가능합니다. 오직 투자가 이루어지고 난 이후에 실적을 보면서 사후적으로 그런 능력을 갖고 있구나 판단할 뿐입니다. 시장을 초과하는 수익률은 과학적 법칙이나 이론이 보장해 주지 않으며 예술적인 통찰력이라는 것도 자신이 그런 경지에 도달할 수 있을지 없을지도 사실 불명확합니다. 게다가 과거 수십 년 동안 통찰력, 직관력, 상상력 등 주관성을 활용하여 최고의 자리에 도달한 투자자들조차 정량투자, 패시브 투자, AI 투자의 거대한 물결 속에서 시장의 변화를 인정하고 이제는 뒤로 물러나기도 하였습니다. 그런 의미에서 일반적인 사람들은 그저 존 보글이나 워런 버핏 같은 투자자들이 말하듯이 패시브 펀드에 투자하는, 중간만 가는 전략을 택하는 것이 최선인 것 같기도 합니다.

그러나 이러한 패시브 투자는 사회적으로 봤을 때 비효율을 유발한다는 이야기도 있습니다. 패시브 펀드에 투자하면서 개별적인 주식에 대한 관심은 덜해지기 때문에 정보를 분석하는 사람들의 수, 정보의 질 등이 낮아지고 결국 시장을 비효율적으로 만들 수도 있기 때문입니다. 그렇게 된다면 누군가는 시장의 비효율성을 다시 이용할 수 있게 되겠지요. 그런 의미에서 능력이 된다면 적극적이고 집중적인 투자를 하는 사람들은 꾸준히 있을 수밖에 없고 또 사회적으로 필요한 존재들이라고 볼 수도 있겠습니다. 이런 특수한 투자자들에게 과학적 법칙이나 투자의 성배를 찾으려는 노력을 넘어서는 예술적인 투자는 불가피한 선택지가 될 것입니다.

정리하자면 인간 세상에 잘 들어맞는 과학법칙이 있다면 누구나 그 과학법칙을 사용하면서 모든 투자나 사업성공, 이익률은 균등화될 것입니다. 그러나 사람들 사이에 차이가 발생할 수밖에 없다는 사실을 인정한다면 그것은 어떤 질적인 차이를 전제하는 것입니다. 그 질적인 차이의 영역을 예술이 한 자리 꿰차고 있는 것이지요. 그러므로 평균을 압도적으로 상회하는 실적을 거두려는 인간들은 예술적인 통찰력, 창조력을 사용할 수 있습니다. 그러나 한편으로 그 영역은 역시 과학적 법칙이 아니기에 누구도 보장하지 못합니다. 그러니깐 인간은 항상 불확실한 자리 위에 서 있는 것이지요.

비판/해체

(1) 비판

1990년대 세기말 분위기 속에서 종말론을 주장하는 사람들이 꽤 있었습니다. 종말론의 문제점이 무엇이냐면, 어차피 세상이 악화되는 과정에 있기 때문에 인간으로서 할 일이 없다는 회의론으로 빠질 수 있다는 점입니다. 어차피 세상은 망할 것이고 사람들이 악해진다면 개인으로서 무력감을 느낄 수밖에 없습니다. 이처럼 세계관은 실제적인 행동에도 영향을 미칠 수 있습니다.

투자의 세계에서도 강력한 영향력을 미치는 여러 전통적인 경제이론, 금융이론들이 있습니다. 그러나 이러한 이론들을 교조적으로 대할 필요는 없을 것 같습니다. 왜냐하면 이 이론들이 현실에서 완벽하게 작동하지 않고 있음을 우리는 보았기 때문이지요. 우리에게는 또 다른 도구들이 필요합니다. 지배적인 이론들을 비판적으로 바라보고 시각을 틀어서 생각하게 해 주는 대안적인 이론들을 알고 있으면 비교해서 판단할 수 있습니다. 그 대안적인 이론들을 풍성하게 제공할 수 있는 사상 중의 하나가 저는 마르크스주의라고 생각을 합니다. 여기서는 마르크스주의의 역사철학과 경제학을 간단하게 살펴보고자 합니다.

▶ 역사철학

먼저 역사철학에서부터 시작해 보겠습니다. 역사철학은 역사에 대해서 철학적으로 고찰하는 한 분야입니다. 역사의 본질은 무엇인가, 역사를 추동하는 것은 무엇인가, 역사는 어떻게 전개되는가, 그리고 역사는 무엇을 향해 달려가는가 등에 대해서 탐구하지요. 역사 철학의 다양한 물음들은 사실 미래예측과도 관련이 있습니다. 역사에 대한 관점이 미래 전개에 대한 관점을 결정짓습니다. 그러므로 미래예측에 대한 물음을 중요시하는 투자가, 사업가에게도 중요한 통찰을 줄 수 있습니다.

그럼 마르크스주의의 역사철학을 살펴보겠습니다. 마르크스주의는 역사를 움직이는 것은 '물질'이라고 봅니다. 그전 시대에 역사를 움직이는 것은 세계정신, 즉 '이성'이라고 본 헤겔과 대비되지요. 여기에서 물질이라 함은 특히 생산양식을 말합니다. 생산양식의 변화에 따라서 역사는 전개됩니다. 그 전개는 원시 공산제, 노예제, 봉건

제, 자본주의 등으로 이루어지다가 그 끝에 가서는 공산주의를 향하게 됩니다. 이러한 물질의 전개, 즉 생산양식의 변화과정은 변증법적으로 이루어집니다. 계급적 갈등이 누적되다가 다음의 생산양식으로 도약하는 것입니다. 이러한 마르크스주의 역사철학에 대해서는 여러 의견들이 있습니다. 한형식 선생님의 책『마르크스 철학 연습』을 참조하여 설명을 해 보겠습니다.

첫 번째로 마르크스의 역사철학이 '자본주의의 끝에서 공산주의라는 열매가 열릴 것'이라고 본다는 점에서 역사결정론(관념론적, 목적론적)으로 해석하는 관점입니다. 만약 마르크스주의가 역사 밖에서 역사에 영향을 미치는 필연성이나 법칙을 강조한다면 이것은 또 다른 종교나 판타지에 다름 아니겠지요.

실제로 마르크스는 역사 밖의 어떠한 관념이나 목적 때문에 공산주의가 실현된다고 보지 않았습니다. 마르크스의 주요한 사상들은 현실을 근거로 과학적으로 분석한 결과일 뿐입니다. 즉 현실을 보아하니 현실이 대립물을 통하여 변증법적으로 발전하는 것이 역사적으로 발견이 되고, 그렇다면 자본주의 또한 자본, 노동의 대립, 그 모순적인 관계가 축적한 에너지들이 폭발하면서 자본주의 다음 단계로 넘어간다고 본 것이지요.

두 번째로 마르크스의 역사철학이 '경제적인 조건으로 모든 역사를 설명한다'는 점에서 경제결정론(유물론적, 기계론적)으로 해석하는 관점입니다. 이러한 관점에 따르면 마르크스의 역사철학은 인간의 의지 혹은 실천의 가능성을 원천 봉쇄한다는 단점이 있습니다.

이 두 번째 문제를 놓고선 여러 의견들이 충돌합니다. 생산력이 증대되면서 그 안에 태생적으로 잠재된 모순이 감당할 수 없을 만큼 자라나고 결국 그것이 폭발하면서 자본주의가 공산주의로 자동적으로 넘어간다는 주장이 있습니다. 반면 물질적 조건인 생산력보다는 사회적 관계인 생산관계가 역사를 움직이는 더 주요한 원인이며 따라서 이 생산관계를 변화시키기 위한 실천적인 노력이 더 중요하다고 보는 주장이 있습니다.

그러나 실제로 마르크스의 역사철학은 변증법을 통해 물질적 조건과 인간의 의지를 통합합니다. 인간의 의지나 실천을 자연 외부에 두는 방식이 아니라 자연 내부에 두는 방식으로 말입니다. 말하자면 이렇습니다. 경제적 토대라는 현실의 조건은 인간의 의식과 무의식에 영향을 미칩니다. 그러나 인간의 주체적인 활동은 또한 경제적 토대에 변화를 일으켜서 다시 인간의 의식과 무의식에 영향을 미칩니다. 인간의 정신적인 부분과 이 세계의 주어진 조건들은 변증법적으로 관계를 맺으면서 세상에 변화를 만들어 냅니다. 인간은 완전히 자유롭지는 않지만, 그렇다고 완전히 결정되어 있지도 않습니다. 인간은 부분적으로 자유롭습니다. 생각해 보십시오. 토대가 모든 것을 결정한다면, 인간이 할 일은 가만히 앉아 있는 것뿐입니다. 한형식 선생님은 다음과 같이 설명합니다.

역사적 과정 바깥에 다시 현실을 재단할 기준을 설정하는 것은 마르크스주의의 유물론적 세계관과 가장 먼 거리에 있는 세계관이다. 인간의 주체적 실천의 지침은 객관적 조건과 서로 작용을 주고받는 과정 속에서 만들어진다.

– 한형식[22]

사물과 현상들의 상호연관은 이항대립을 비판적으로 극복하는 데 유용한 방법이다. 역사 발전에서도 객관적 조건과 주체적 노력은 연결되어 서로를 끊임없이 변화시킨다. 객관적 조건의 변화로 이전에는 없던 새로운 주체가 생겨나고 그들의 주체적 노력으로 객관적 조건이 변화하며 변화된 객관적 조건이 다시 새로운 주체적인 실천을 가능하게 한다.   – 한형식[23]

역사에는 '주어진 조건'이 있고 '인간의 주체성'도 같이 존재합니다. 주어진 조건은 미래에 일정한 경향성을 만듭니다. 인간의 주체성은 미래의 전개를 다양하게 만듭니다. 주어진 조건의 경향성과 인간 주체성이 만드는 다양성이 변증법적으로 상호작용합니다.

▶ 변증법
- - - - - - -

변증법을 좀 더 보겠습니다. 변증법 하면 헤겔의 관념론적 변증법과 마르크스의 유물론적 변증법이 대표적입니다. 둘 다 인간의 관념세계와 실제 자연세계의 법칙이 똑같다고 본 점은 같습니다. 그러나 강조점은 다릅니다. 헤겔은 관념의 세계에서 변증법적 활동을 발견한다면 마르크스는 반대로 현실세계에서 변증법적 활동을 발견합니다.

이런 변증법은 다음과 같은 특성을 갖습니다. 우선 사물은 그 안에 대립물을 포함하고 있습니다. 그리고 대립물의 에너지가 양적으로 쌓여가다가 어느 순간이 되면 질적으로 변환됩니다. 그리고 기존 체제를 부정하고(무너뜨리고) 완전히 새로운 체제가 열립니다.

과학철학 분야에서 토마스 쿤의 '패러다임' 개념 또한 이 변증법의 영향을 받았다고 앞에서 말씀드렸습니다. 기존의 과학 패러다임으로 수용할 수 없는 많은 변이들이 생겨나면 그 변이들을 설명할 수 있는 이론이 주창되고 어느 순간에 다음 패러다임으로 확 넘어간다는 것이죠.

이러한 변증법은 정지된 세계가 아니라 역동적으로 움직이는 세상을 해석하는 하나의 틀이 되어줄 수 있습니다. 전자에 소개한 형식논리학은 정지된 세계, 혹은 짧은 기간에 적당한 논리학이라면 변증법은 움직이는 세계, 좀 더 장기간의 역사를 해석하기 위한 논리학이라고 볼 수 있겠습니다.

하워드 막스는 『투자와 마켓 사이클의 법칙』에서 변증법에 대해서 다음과 같이 언급하였습니다.

'성공은 그 안에 실패의 씨앗을 품고 있고, 실패는 성공의 씨앗을 품고 있다'는 신념을 오랫동안 간직해왔고, 부실채권과 부실기업 투자에 몸담아왔던 29년

동안 그것은 더욱 견고해졌다.

찰리 멍거의 전기 작가이자 글레네어의 CEO이고, 우수한 항공 우주 부품 생산업자인 피터 코프먼은 다음과 같이 변증법적 유물론의 작용을 설명한다. "모든 시스템은 최대 효율을 향해 성장하면서 최후의 쇠퇴와 종말을 초래하는 내부적인 모순과 약점을 함께 발전시킬 것이다." － 하워드 막스[24]

　그런데 사실 꼭 변증법이 아니더라도 이 세상만사가 계속 변화할 수밖에 없다는 것은 우리 모두 알고 있습니다. 특히 역사적 사건들을 공부함으로써 획득하는 역사적 관점을 토대로 역사에서 반복되는 일과 반복되지 않는 일들을 공부하게 되면, 현재를 과거로부터의 역사적 맥락 위에 얹어 두고 생각할 수 있게 됩니다. 그러니 꼭 변증법이 아니더라도 변화에 대한 감각은 획득할 수 있습니다. 다만 변증법의 의의는 역사적 관점을 획득한 자들에게 현실을 구체적으로 분석할 수 있는 하나의 틀을 제시해 준다는 것 아닐까 싶습니다. 특히 대립물로써 변화를 설명한다는 점을 기억하시면 좋을 듯합니다.

　현실세계에서는 변증법을 가지고 어떤 이야기가 가능할까요. 2000년대 중반까지만 해도 자유무역이 날이 갈수록 더 확대될 것이라는 낙관적인 기대가 팽배했었는데, 현재는 세계각국이 자유무역에서 후퇴하고 자국의 이익을 위해서 장벽을 쌓고 블록경제로 회귀하려는 움직임들이 하나둘 증가하고 있습니다. 성경적 표현을 쓰면 민족이 민족에 대항하여 일어나고 국가가 국가에 대항하여 일어납니다. 저성장 국면에서는 파이도 줄어들고 자기 몫을 차지하기 위한 대립은 격화됩니다. 이러한 대립은 한참 세계경제가 호황일 때도 내부에서 분란의 씨앗으로 자라나고 있었다는 것이 변증법의 관점이 되겠습니다. 필연적으로 내부에 모순을 잉태하고 있다는 것이지요.

현재의 대립은 자유무역과 보호무역이 충돌하는 것으로 볼 수도 있을 것이고, 그런 극렬한 대립들의 징조들이 하나 둘 쌓이다 보면 어느 순간에는 양적변화가 질적변화로 이어지고 기존의 체제가 무너지고 새로운 체제가 등극할 수도 있을 것입니다. 2차 세계대전 같은 극단적인 형태의 물리적인 충돌이 일어날 수도 있고 '플라자 합의'같은 특정 국가의 희생을 통해서 국가 간의 강약을 조정하고 새로운 체제로 넘어갈 수도 있을 것입니다.

그러나 변증법을 동원하고 역사적 관점을 동원하고 실증적으로 접근하고 모든 무기를 총동원하더라도 너무 확신에 찬 예측은 좋지 않습니다. 레이 달리오가 얘기하듯이 '시대의 징후들'은 예의주시하되 실제 어떻게 진행되는지는 그저 '지켜보는 것'. 그리고 대응에 나서면 됩니다.[25]

▶ 경제학

마르크스주의 역사철학에서는 역사의 전개과정을 생산양식의 변화과정으로서 본다라고 말씀드렸습니다. 그렇다면 도대체 자본주의

적 생산양식에서 어떠한 문제점을 보았을까요? 다음으로 마르크스주의 경제학을 '잉여가치론' 중심으로 살펴보겠습니다.

물건을 생산하여 판매한다고 가정해 보겠습니다. 물건을 생산하는 공장을 차리기 위해서는 목돈이 필요합니다. 투자를 받던 집을 팔던 투자금을 모아서 공장을 차리고 노동자를 고용합니다. 그리고 물건을 생산하여 시장에 가져다 팔면 판매대금이 나옵니다. 판매대금에서 공장시설을 세우고 원재료를 사오는 데 들어간 돈과 노동자에게 지불한 임금 등을 제하고 보니 이윤이 발생하였습니다.

그런데 이때 이윤은 어디에서 창출되는 것일까요? 마르크스주의에서는 이러한 이윤이 다름 아닌 노동이 창출한 잉여가치에서 나온 것이라고 봅니다. 노동자가 산출한 가치만큼 정확하게 임금을 지불했으면 자본가 입장에서 이윤이 나올 수가 없습니다. 또 이 주장을 따르면 착한 자본가는 논리적으로 세상에 존재할 수 없습니다. 왜냐하면 아무리 노동자들에게 월급을 퍼주는 자본가가 있더라도 그 월급의 원천이 원래 노동자였기 때문입니다. 그리고 자본가가 가져가는 몫이 있을 수밖에 없는데, 그것 또한 노동자들이 만들어 낸 것입니다. 따라서 노동자들이 가져가는 임금과 자본가의 몫으로 돌아가는 잉여가치의 비율을 계산하는 '잉여가치율'은 다른 말로 '착취도'라고 표현되기도 합니다.

하여간 자본가들은 노동자들이 만들어 낸 잉여가치를 자기 몫으로 가져가게 됩니다. 이때 자본가 입장에서 더 많은 돈을 벌기 위해

무엇을 해야 할까요. 가장 먼저 생각할 수 있는 방법은 되도록 오랜 시간 공장을 돌리고 임금을 낮게 책정하는 것입니다. 따라서 자본주의 초기에, 노동자들은 낮은 임금을 받으면서 장시간 노동을 하게 됩니다. 이렇게 노동시간을 증가시킴으로써 생산된 잉여가치를 '절대적 잉여가치'라고 부릅니다.

그런데 무한정 노동시간을 증가시킬 수는 없습니다. 또한 노동시간에 대한 규제도 점차 도입이 되지요. 따라서 자본가들은 좋은 기계나 기술을 도입함으로써 이득을 꾀합니다. 총 노동시간은 정해져 있는 상황에서 똑같은 물건을 만들어 내는 데 들어가는 노동시간을 단축시키고자 하는 것이지요. 그리고 물건을 생산하는 데 필요한 노동시간이 줄어든 만큼 자본가에게는 이득이 됩니다. 이렇게 필요한 노동시간을 단축시킴으로써 발생한 잉여가치를 '상대적 잉여가치'라고 부릅니다.

또 이런 경우를 한번 보겠습니다. 여러 회사들이 한 시장을 놓고선 서로 경쟁을 하고 있습니다. 그런데 한 회사가 획기적인 기술을 도입해서 생산원가를 절감시켰습니다. 다른 회사들과 똑같은 가격에 상품을 팔고 있는데 원가를 절감시켰으니 이 부분만큼 회사에 이득이 되겠지요. 이 회사는 신기술 도입으로 인하여 낮춘 생산가격과 시장가와의 괴리를 향유할 수 있습니다. 이때 발생한 잉여가치를 '특별 잉여가치'라고 부릅니다.

이러한 특별 잉여가치의 혜택을 누리는 호시절은 오래 갈 수는 없

습니다. 한 자본가가 앞서 나가면 다른 자본가들도 따라잡을 수 있
는 방법을 강구하기 때문에 결국 특별잉여가치의 마진은 줄어들게
됩니다. 여기에서 뒤처지는 자본가는 죽습니다. 결국은 특별잉여가
치가 발생하더라도 자본가들의 경쟁에 의해서 그 특별잉여가치는
줄어들게 됩니다.

이제 한 사람의 자본가가 특별한 기술을 통해 고마진을 향유하던
시대가 저물고 모든 자본가들이 동일한 기술을 보유하게 됨으로써
이윤이 줄어들게 되었습니다. 이렇게 기술에 의한 이윤이 줄어들게
되면 자본가들은 다시 생산량을 증가시킴으로써 이윤의 양을 극대
화시키고자 합니다. 이윤을 극대화하려는 자본가들의 노력, 이게 더
큰 불행의 씨앗입니다. 결국 생산과 소비의 괴리가 극심하게 발생할
수밖에 없거든요. 마르크스주의자들이 자본주의를 항상 공황과 연
결시키는 이유를 여기에서 잘 알 수 있습니다.

한편 자본가들은 경쟁에 따른 이윤율 하락을 막기 위해서 독점을
꾀할 수도 있습니다. 독점기업들은 가격을 통제할 수 있습니다. 이
들은 가격을 싸게 대량으로 구입할 수도 있고 경쟁자가 없기 때문
에 판매가격에 대한 통제권도 갖게 됩니다. 독점이 발생하면 자유경
쟁이 사라지면서 경제는 효율성을 잃습니다. 새로운 기술 없이 같은
방식으로 후속기업들이 도전하기 위해서는 그만큼 많은 출혈을 감
수해야 합니다. 이 독점기업들은 지속적 성장을 위해서 제국주의적
침략을 통해 식민지를 건설하면서 성장을 지속해 나갑니다. 하지만

생산이 과다하다는 근본적인 문제는 해결하지 않은 상태에서 확대 가능한 영역이 무한정 주어지는 것은 아니므로 그 끝은 파멸적인 공황을 향해 달려갑니다. 즉 한 기업이 독점을 하든 기업들 간에 경쟁이 치열하게 이루어지든 간에 공황의 발생을 필연적으로 보는 것이 마르크스주의자들입니다.

한편 주류경제학은 공황을 인정하지 않고 불황과 호황이 반복되는 사이클로 경제를 이해합니다. 불황이 찾아왔을 때 국가가 적극적으로 개입을 해서 재정정책을 펼치는 방법(케인즈주의), 중앙은행이 나와서 통화를 푸는 방법(통화주의)으로 대책을 세울 수 있습니다. 불황 자체를 자본주의 붕괴와 연결시키기 보다는 불황을 시스템 내의 불가피한 요소로 받아들이고 이를 극복할 수 있다는 관점이 주류경제학의 관점입니다.

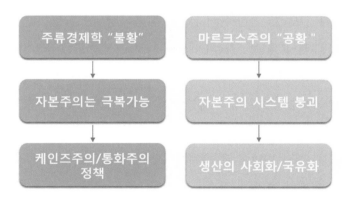

▶ 무형자산의 시대

앞서 이야기한 여러 개념들과 지식모형을 무형자산의 가치가 증대된 현 시점에도 적용시켜 생각해 보겠습니다. 현재의 자본주의는 설비에 대한 대규모 투자 없이 소수의 인력으로 거대한 부를 창출하는 기업들을 산출하고 있습니다. 예컨대 '클래쉬 오브 클랜'(2015년 기준 매출액 2조 8천억 원)이라는 대박게임을 만든 슈퍼셀의 인력은 200명도 되지 않았다고 하지요.

이런 기업들은 설비투자는 거의 필요 없고 소수의 인력만으로 엄청난 이윤을 만들어 냅니다. 원래는 이윤율이 높으면 경쟁업체들이 뛰어들어서 이윤율이 하락해야 합니다. 그러나 무형자산에는 '잠금 효과'라는 것이 존재합니다. 선두 업체가 고객을 한번 장악하면 그 자리를 쉽게 놓치지 않기 때문에 이윤율이 급격하게 떨어지지 않습니다. 아니 오히려 이윤율이 급격하게 증가할 수도 있습니다. 잠금 효과에 대해서 책 『빌 밀러의 기술주 투자』에서는 비용 우위, 네트워크 효과, 학습 효과를 중요한 요인으로 꼽고 있습니다. [26]

2012년에 출시된 게임 '클래쉬 오브 클랜'은 순위가 떨어지긴 했지만 여전히 모바일 게임 10위권 내에서 수익을 창출하고 있습니다. 이 게임은 지난 10년 간 전 세계에서 가장 돈을 많이 번 모바일 게임이기도 합니다. 이렇게 장기간 인기를 누리는 이유는 물론 게임 자체의 경쟁력도 있겠지만 무엇보다 널리 알려진 인지도 덕분에 신규

유입자들이 접근하기 쉬운 측면이 있기 때문입니다. 일단 성공한 게임은 수익을 창출하고 창출된 수익으로 광고를 집행할 수 있고 이 광고를 보고선 신규유입자들이 증가할 수 있습니다. 저 또한 개인적으로 모바일 게임을 해 볼까 싶어서 시작한 첫 게임이 바로 이 게임입니다. 이 게임을 선택한 이유는 단순합니다. 광고영상을 많이 봐서 그 이름을 익히 알고 있었고 또한 사람들이 많이 하는 인기 높은 게임이었기 때문에 주저 없이 다운로드했습니다. 남들이 열광하고 즐기는 게임을 같이 하고 싶은 심리가 있는 것이지요.

또 다른 예로 '리그 오브 레전드'라는 게임은 벌써 몇 년째 온라인 게임 1위의 자리를 차지하고 있습니다. 이 게임영상을 편집해서 보여 주는 유명 유튜버들도 굉장히 많습니다. 또한 프로리그도 운영되고 있으며 세계대회인 롤드컵도 많은 사람들이 생방송으로 시청할 만큼 인기가 많습니다. 이렇게 인기도 많고 콘텐츠도 많다 보니 온라인 게임에 입문하는 사람들은 일단 거쳐 가는 입문 코스가 되고 있습니다. 그리고 한번 입문하면 유튜브, BJ, 프로리그, 롤드컵 등 생태계가 완벽하게 조성되어 있기 때문에 완전히 빠져들게 되어 있습니다. 개인적으로 저는 이 게임도 즐겨 합니다. 그런데 게임만 즐기는 것이 아니라 유튜브에서 이 게임과 관련된 영상들도 자주 찾아 봅니다. 일단 재미가 있거든요. 그런데 영상들을 보다 보면 게임을 직접 하고 싶은 마음이 강하게 생깁니다. 그리고 친구들과도 이 게임을 즐깁니다. 이런 식으로 이 생태계 내에서 돌고 도는 것이지요.

그러니 이런 무형자산이 지배적인 산업에서는 높은 이윤율이 경쟁에 의해서 균형을 찾아가는 경향이 둔화될 수밖에 없습니다. 하나의 시대가 저물고 그 산업이 시대에 대한 적합성을 잃으면 그때서야 비로소 새로운 강자가 등장할 수 있습니다. 예를 들어 IT산업에서는 먼저 마이크로소프트가 있었고 그 다음 애플의 시대가 왔습니다. PC 시대에는 마이크로소프트가 그 패러다임 내에서는 승자였고, 스마트폰의 시대에는 역시 그 패러다임 내에서 애플이 승자였습니다. 그 잠금효과는 패러다임이 바뀌기 전에는 확고합니다. 따라서 같은 패러다임 내에서는 추격이 어렵습니다. 오로지 패러다임이 바뀌어야지만 후발주자가 기회를 잡을 수 있습니다.

물론 기존산업에서는 패러다임 변화 없이 후발주자의 추격으로 이윤율 하락의 경향을 찾아볼 수 있습니다. 예컨대 한국의 제조업 산업은 중국의 추격으로 어려움을 겪고 있습니다. 일단 경쟁이 심화되기 때문에 이윤율 저하는 필연적이고 시장을 어느 정도 방어하느냐의 문제가 기다리고 있을 뿐입니다. 기술력 차이가 해자로서 작용할 수는 있지만 IT산업처럼 강력한 잠금효과가 있는 것은 아닙니다. 즉 기술력과 가격에서 경쟁력을 잃는다면 고객은 언제든 다른 회사로 갈아탈 수 있습니다. 결국 기존의 전통적인 산업에서는 잠금효과가 덜하기 때문에 같은 패러다임 내에서는 추격이 용이합니다.

그런데 무형자산을 취급하는 새로운 산업 또한 근본적으로 전체적인 생산과잉을 막을 수는 없습니다. 물론 무형자산을 주무기로 취

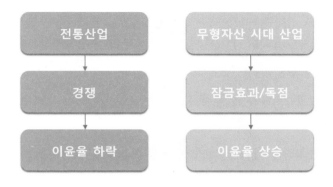

급하는 산업은 필요한 인력이 많지 않아서 이윤율은 좋을지는 모릅니다. 하지만 결국 소수의 사람들이 혜택을 볼 뿐 대규모 고용창출로 인한 소비 여력 확대를 이끌어낼 수는 없기 때문에 생산과 수요의 불균형에 한 몫을 합니다. 기존의 전통적인 산업에 비해서 이러한 산업들이 만들어 낼 문제들이 더 심각하다고 보는 학자들도 있지요.

예컨대 임페리얼 칼리지의 경제학 교수인 조너선 해스컬은 기존의 시스템이 '자본 없는 자본주의'를 만들어 내고 무형자산이 중요한 산업들을 키워 내지만 결국은 그 산업들이 성장하면 성장할수록 그 자체의 모순적 성격 때문에 기존의 시스템을 망가뜨리는 역할을 하게 될 것이라고 보지요. 그리고 이에 대한 해결책 또한 현재로써는 불명확하다고 봅니다.

정부는 무형 경제가 유발하고 있는 것으로 보이는 대단히 분열적인 형태의 불평등이 실제로는 번영하는 무형 경제의 기초가 되었던 사회제도들을 위협

하고 있다는 사실을 발견한다. (중략) 이런 문제가 성공적으로 해결된 세상이 어떤 곳일지도 심지어 명확하지 않다. 그러나 우리는 이런 긴장이 향후 정치경제학을 지배할 것이며, 그것을 해결할 수 있는 나라가 어느 나라건 위대한 번영의 길을 개척할 것이라고 확신한다.   - 조너선 해스컬[27]

　　여기까지 전통적인 마르크스주의를 살펴보고 현재 무형자산의 가치가 증대된 현시점의 자본주의에도 적용시켜서 생각을 해 봤습니다. 이를 통해 전통경제학을 공부한 사람이 마르크스주의를 더불어 공부한다면 판단할 수 있는 도구가 하나 더 생긴다는 것을 말씀 드리고 싶었는데 여러분들은 어떤 생각이 드시는지요.

(2) 해체

　　해체주의적인 세계관에 강력한 영향을 주고 있는 사상은 후기-구조주의 철학입니다. 후기-구조주의는 문화적, 사회적으로 많은 영향력을 끼치고 있으며, 현대 사회의 많은 현상들과 속성들을 설명해 주는 틀을 제공해 줍니다. 후기-구조주의의 철학을 공부하면 개념적으로 우리 사회를 분석하는 하나의 틀을 얻을 수 있을 것입니다. 특히 현대사회에서 발생하는 현상들을 과학적으로 분석하는 틀을 제공해 주는 네트워크 이론과 엮어서 보면 굉장히 유용하다고 생각합니다. 자 그럼, 살펴보겠습니다.

서양철학을 관통하고 있는 정신은 합리주의입니다. 그러나 인간의 이성이 추동하는 합리주의적 세계관은 세계대전이라는 끔찍한 사건 속에서 무너집니다. 합리주의적 세계관은 이제 비판의 대상이 되었으며 심지어는 해체의 대상이 되기도 합니다.

지금 현재 우리가 살아가고 있는 세상은 여전히 그 힘을 완전히 잃지 않은 합리적 세계관이 강한 지배력을 갖고 있습니다. 그러나 한편으로는 이에 대항하는 해체주의적인 세계관도 강력한 영향력을 미치고 있습니다. 실체를 전제하며 구획을 나누고 순서를 매기고 위계로 질서 잡는 시스템과 관계 지향적이며 네트워크로 연결되고 수평적이면서 이동이 자유로운 시스템이 맞부딪히고 있는 형국인 것이지요.

그런데 합리주의적인 세계관을 해체한다고 할 때 거기에는 무엇이 존재할까요. 즉 무엇으로 대체되는 것일까요? 여러 가지 주장들이 있지만 대표적으로는 욕망을 꼽을 수가 있겠습니다. 이론, 명령, 권위, 위계, 중심이 사라진 자리에 개별자들의 욕망이 그 자리를 차지합니다. 그 전에는 욕망을 억누르는 데에 초점이 있었다면 이제는 욕망을 좋은 방향으로 사용하는 것을 권장합니다. 따라서 욕망을 산출하는 우리의 몸은 이제 긍정적인 의미를 갖습니다. 아니 오히려 몸이 '더 큰 이성'입니다. 그리고 합리주의적인 세계를 추동하였던 인간의 이성은 몸의 명령을 따르는 도구이자 수단일 뿐입니다. 그런 의미에서 '작은 이성'입니다.

이러한 욕망들은 계속해서 생성됩니다. 어떠한 실체로서 고정되는 것이 아니며 결핍도 아니며 살아 약동하며 발산하는 것입니다. 그리고 이러한 욕망들의 관계가 중요합니다. 수직적인 체계에서 어떠한 목적을 위해서 봉사하는 것이 아니라 욕망 하나하나가 중요한 가치를 가지며 이러한 욕망들끼리 접속과 분리가 자유로운 네트워크를 이루고 있습니다.

후기 산업사회, 정보화 사회가 되면서 네트워크로 연결되는 속도는 급격하게 빨라졌습니다. 네트워크에 접속되지 않은 인류는 극소수입니다. 네트워크를 통해서 정보를 교류하고 수평적인 문화가 점차 확산되고 있습니다. 여기에는 중심점이 없습니다. 단지 여러 개인들이 서로 접속하고 관계를 형성할 뿐입니다.

이러한 수평적인 네트워크는 우리의 문화를 관통합니다. 이제 중심은 없으며 또한 기준이 되는 것도 없습니다. 마음껏 자신의 욕망을 발산할 뿐입니다. 이때의 욕망은 부정적인 의미가 아닙니다. 때로 이 욕망은 불의에 대한 분노일 수도 있습니다. 지루함을 벗어나는 유쾌함일 수도 있습니다. 권위적인 사회를 가로질러 탈주하는 힘일 수도 있습니다. 정의되지 않고 분류되지 않으며 무한히 생산하며 창조하는 힘입니다.

이처럼 사상적, 문화적 토대가 바뀌고 있기 때문에 비즈니스도 바뀝니다. 비즈니스도 사람들의 욕망을 고려해야 합니다. 비즈니스가 바뀌니까 투자자의 눈도 바뀝니다. 사람들의 욕망과 기호를 만족시킬 수 있는 제품과 서비스가 시장을 장악할 수 있습니다. 그 욕망을 다룰 수 있는 것은 예술적인 감각입니다. 이것은 특출난 능력입니다. 이러한 능력은 한 개인에게서 비롯될 수도 있고, 한 기업의 문화적 토대에서 비롯될 수도 있습니다. 물론 엔지니어링도 중요합니다. 그러나 이것은 기본입니다. 엔지니어링을 뛰어넘는 경험이 필요합니다. 이러한 능력을 갖춘 기업은 소수에 불과합니다. 이들이 투자의 대상이 됩니다.

▶ 수목형 구조와 리좀

후기-구조주의 철학에서 해체와 관련이 있으면서도 세상만사에 효과적으로 적용시킬 만한 개념이 바로 수목형 구조와 리좀입니다. 이 개념적 구분은 들뢰즈와 과타리가 도입한 것입니다.

근대적인 사고방식을 뜻하는 '수목형 구조'는 일반적인 나무와 같습니다. 뿌리가 있고 기둥이 있고 가지가 있고 가지 끝에 나뭇잎이 있습니다. 한마디로 중심이 있고 또한 위계가 존재합니다. 조선시대 때 사농공상(士農工商)의 구분을 예로 들 수 있겠습니다. 그 시대의 중심은 선비들입니다. 반면 상업에 종사하는 이들은 중심에서 먼 모퉁이의 존재들입니다. 선비들과 상업인들은 서로 상대하지 않을 뿐만 아니라 선비들은 상업에 종사하지 않고 상업인들은 선비가 될 수조차 없습니다.

반면 연결적인 사고방식을 보여주는 리좀은 원래 중심이 없는 뿌리줄기식물을 뜻합니다. 고구마 줄기들이 엉켜 있는 것을 떠올리시면 될 듯합니다. 서로 연결은 되어 있지만 위계가 없는 구조입니다. 특히 한 점이 어떤 점하고도 연결될 수 있습니다. 컨트롤 타워가 없고 각각의 점들이 자신의 잠재성을 발휘하며 자유롭게 접속합니다.

이 리좀과 네트워크 과학은 궁합이 잘 맞습니다. 이 둘이 만드는 격자틀 모형이 현대사회 분석에 매우 유용합니다. 특히 문화적인 현상을 분석하는 데 좋습니다. 이런 분석은 작게는 문화산업 투자에도 도움이 될 수도 있겠지만 소비재 시장 전체에 대한 이해도를 증가시킬 수도 있습니다.

방탄소년단이 좋은 예가 될 수 있겠습니다. 기존의 아이돌은 대형 기획사라는 존재가 가장 중심이 되고 그들이 만들어 낸 아이돌 스타가 있고 그 다음에 팬덤이 존재하는 수목형 구조였습니다. 그러나 방탄소년단은 작은 기획사가 아이돌을 준비하기는 했지만 기획사와 아이돌이 같이 큽니다. 그리고 아미라는 팬덤도 수평적인 관계를 유지하면서 같이 크는 것이지요. 관련하여 들뢰즈 철학으로 방탄소년단의 성공을 분석한 책(『BTS 예술혁명』, 이지영 저)도 있습니다.

또한 유명 유튜버들을 한번 살펴볼까요. 요즘 유튜브에는 독립적으로 축구중계를 하는 BJ들이 많습니다. 예전의 축구중계는 방송국에 속한 사람들만 할 수 있었습니다. 그러나 방송국에 속하지 않은 개인들이 수십만의 구독자를 몰고 다니면서 홀로 중계를 합니다. 이들은 기존의 위계질서에 속하지 않은 존재이지요. 그렇기 때문에 비속어도 쓰고 책상을 쾅 치기도 하는 등 기존의 코드로부터 좀 더 자유롭습니다. 이러한 자유로움은 영역파괴의 모습으로 나타나기도 합니다. 때때로 축구 중계를 하는 BJ가 어느 날에는 게임 BJ가 되기도 하고 먹방 BJ가 되기도 합니다. 지금의 BJ들에게는 경계가 존재하지 않습니다. 자신의 잠재력이 있다면 원하는 콘텐츠를 얼마든지 생산해 낼 수 있으며 경계를 자유롭게 넘나듭니다.

이런 것들은 그저 문화적 현상들에 불과한 것이 아닙니다. 경제적인 파급력을 갖고 있습니다. 방탄소년단의 소속사인 '빅히트 엔터테인먼트'는 빠르게 성장하여 기존의 연예기획사 '빅3' SM, JYP, YG의 아성을 뒤흔들고 있습니다. 2020년에 상장을 하게 되면 빅3의 시가총액을 훌쩍 뛰어넘을 것이라는 예상도 흘러나오고 있지요. 이 회사의 사업보고서를 보면 2017년에는 매출액 924억, 영업이익 325억, 2018년에는 매출액 2,142억, 영업이익 641억의 실적을 달성하였습니다. 또한 새로운 스타 BJ들을 앞세운 유튜브는 동영상을 시청하는 사람들이 계속하여 증가하고 있습니다. 동영상에는 광고가 붙고 이것이 수익과 연결이 됩니다. 비록 유튜브의 실적이 구글 전체 실적에 합산되어 있기 때문에 정확하게 실적을 추산할 수는 없지만 사람들이 유입되고 있는 것은 실적에는 좋은 신호지요.

미디어 산업의 변화도 한번 보시겠습니다. 최근 전세계적으로 전통언론, 이른바 레거시 미디어에 대한 대중들의 불신이 매우 커졌습니다. 예전에는 전통적인 언론에서 일하는 저널리스트들이 권위를 갖고 있었고 대중은 이런 언론의 공정성을 대체적으로 믿는 분위기였습니다. 하지만 이제는 유튜브 등의 플랫폼을 이용해서 '뉴 미디어'라고 불리우는 대안적인 언론들이 등장하였습니다. 뉴 미디어는 기존의 언론이 채워 주지 못했던 대중의 갈망, 호기심 등을 해결해 주면서 빠르게 성장하고 있습니다. 그야말로 누구나 언론인이 될 수 있는 시대입니다.

물론 이러한 뉴 미디어의 문제점도 많습니다. 아무래도 규모도 작고 몸도 가볍고 규제가 심하지 않다 보니 정확하지 않은 정보들이 난무하고 있습니다. 지금은 이른바 '포스트-트루스(Post-Truth)의 시대'입니다. 그래서 다시 팩트체크하고 진리를 확인해야 한다는 주장이 반대로 증가하게 됩니다. 진리를 다시 세우려는 노력이지요.

어떤 주장이 맞을까요? 사실 현재 어떠한 해결책이 있을지 대안이 뚜렷하지는 않은 상황입니다. 다만 투자의 관점에서 중요한 것은 기존의 전통적인 권위가 무너지고 파편화되고 네트워크화되고 개별화되는 트렌드가 미디어 산업에서도 현상적으로 벌어지고 있다는 것입니다. 좁게 보면 언론도 이익을 좇는 기업이라는 관점에서도 이런 현상을 이해하는 것은 중요하며, 더욱 중요한 것은 이러한 미디어 환경의 변화가 더 많은 사회현상에 영향을 미치고 이것이 투자환경에도 영향을 미친다는 점에서 중요하게 볼 필요가 있습니다.

이제 매듭을 지어 볼까요. 전세계적으로 새로운 현상들이 발생하고 있는데 이를 지탱하는 문화적, 사상적 기반이 존재합니다. 이 기반을 이해하면 현상들의 본질을 좀 더 잘 이해할 수 있습니다. 현상들의 본질을 잘 이해하면 이 현상들을 중심에 두고 벌어지고 있는 경제적 구조 변화들도 더 잘 이해할 수 있게 됩니다. 결론적으로 현재 전세계적으로 벌어지고 있는 현상들을 이해하고 투자에 연결하기 위하여 '해체'의 사상적 기반을 공부하고 '리좀'의 개념을 적용해 보려는 노력은 투자자에게 도움이 됩니다.

요약

투자자들의 무기 첫 번째는 논리와 확률입니다. 논리는 투자에 있어서 상황을 명확하게 볼 수 있는 힘을 줍니다. 확률은 현 시대에 가장 중심적인 역할을 하고 있는 최고의 무기입니다. 논리, 확률은 철학적으로 실증주의/합리주의와 친숙한 도구이기도 합니다.

투자자들의 무기 두 번째는 역사와 예술입니다. 역사는 논리, 확률을 보완하는 역할을 할 수 있습니다. 예술은 논리, 확률, 역사를 뛰어넘어 새로운 것을 창조하고 차별화하는 힘을 줄 수 있습니다. 역사, 예술은 현상학/해석학과 친숙한 도구이기도 합니다.

마지막으로 소개한 무기 비판, 해체는 각각 비판이론/후기-구조주의와 맞닿아 있습니다. 비판을 통해서 전통적인 경제학을 비판적으로 바라볼 수 있는 틀을 얻을 수 있고 해체를 통해서 현대사회를 이해할 수 있는 틀을 얻을 수 있습니다.

4장

철학과
투자는
이렇게 만난다

워런 버핏/레이 달리오/리드 호프만
/빌 밀러/제프리 건들락/엘론 머스크

이번 장에서는 투자자들이 사용하는 사고방식을 철학적으로 해석을 해 봅니다. 또한 직접적으로 철학을 공부하고 투자와 사업에 적용한 사례들도 소개해 드리겠습니다.

먼저 본격적인 설명에 앞서서 한 가지 짚고 넘어갈 내용이 있습니다. 이번 장에서는 기본적으로 투자자들을 소개하지만 때때로 사업가들로 더 잘 알려진 이들을 소개할 때도 있을 것입니다. 이것은 우선 많은 경우에 사업과 투자를 병행하는 경우가 많기 때문입니다. 또한 사업과 투자라는 것이 명확하게 딱 구분되는 것은 아닙니다. 만약 한 사람이 어떠한 분야가 유망하다고 생각되어 그 분야에 직접 회사를 차리는 방식을 선택했다면 그것은 사업의 형태를 띠고는 있지만 다른 한편으로 가장 적극적인 형태의 투자방식을 택했다고 볼 수도 있을 것입니다.

예를 들어 보겠습니다. 워런 버핏은 투자자이면서 사업가이기도 합니다. 그 자신이 사업가이기 때문에 더 좋은 투자자가 될 수 있었고 또한 투자자이기 때문에 더 좋은 사업가가 될 수 있었다고 말합니다. 또한 손정의는 일본 기업의 회장이면서도 여러 기업들에 투자하는 펀드를 운용하고 있기도 합니다. 그 또한 사업가이면서도 투자자인 것이지요.

그럼 이야기를 시작해 보겠습니다.

첫 번째 철학, 실증주의/합리주의 계열에 해당하는 투자자는 누가 있을까요. 워런 버핏, 레이 달리오, 리드 호프만, 빌 밀러, 엘론 머스크가 해당될 수 있을 것 같습니다. 우선 워런 버핏과 레이 달리오를 살펴보도록 하겠습니다.

워런 버핏과 레이 달리오는 전혀 다른 전략을 구사하기는 합니다. 워런 버핏이 기업의 가치를 중요시하는 미시적인 접근법에 가깝다면 레이 달리오는 거시경제의 움직임을 고려하는 거시적인 접근법에 가깝습니다. 그런데 이 둘에 관해서 알아가다 보면, 둘이 묘하게 비슷하다는 느낌을 받게 됩니다. 둘 다 합리성을 매우 중요시합니다. 주먹구구식으로 감에 의존한 투자를 하는 것이 아니라 각자 나름의 합리적인 사고모델을 갖고 있습니다. 그리고 그 사고모델은 논리적이고 수학적인 모습을 보여 줄 때가 많습니다.

물론 한 걸음 더 들어가보면 예술의 속성도 분명히 존재합니다. 통찰력이 작동하는 것이지요. 그러한 통찰력이 없었다면 아마 누구나

다 그들의 성과를 따라 할 수 있었을 것입니다. 사실 모든 투자자들은 하나의 잣대로 규정할 수 없는 다면적인 면들을 갖고 있지만, 다만 여기에서는 그들 각자에게 지배적으로 작동하는 원리를 살펴보고자 합니다.

워런 버핏

내가 버크셔 경영을 맡은 1965년 이후 달러의 가치가 무려 86%나 하락했습니다. 당시 1달러에 살 수 있었던 물건이 지금은 7달러나 합니다. 따라서 면세 기관이라면 채권 투자로 매년 이자를 4.3% 벌었어야 이 기간에 구매력을 겨우 유지할 수 있었습니다. 이렇게 벌어들인 이자 중 일부를 '소득'으로 생각했다면 단단히 착각한 것입니다. - 워런 버핏[28]

분석은 간단했습니다. 대출금이 없을 때 이 부동산에서 나오는 수익률이 농장과 마찬가지로 10%였습니다. 그러나 당시 정리신탁공사가 이 부동산을 제대로 관리하지 못하고 있었으므로, 비어 있는 여러 매장을 임대하면 수익이 올라갈 수 있었습니다. 더 중요한 사실은, 이 건물의 평균 임대료가 제곱피트당 70달러였는데도 최대 세입자가 내는 임차료는 약 5달러에 불과했다는 점입니다. 9년 후 이 임대계약이 만료되면 수익이 대폭 증가할 수밖에 없었습니다. - 워런 버핏[29]

워런 버핏은 두말할 나위 없는 우리 시대 최고의 투자자입니다.

그가 회장으로 있는 지주 회사 버크셔 해서웨이는 2019년 기준으로 5,000억 달러를 상회하는 시가총액(세계 5위)을 자랑하고 있습니다. 계열사만 해도 400개가 넘습니다.

그럼 워런 버핏의 사고방식을 알아보겠습니다. 워런 버핏이 하는 이야기를 잘 들어 보면 위의 인용문에서도 알 수 있듯이 '계산'과 '합리성'에 관련된 말이 자주 등장합니다.

먼저 계산과 관련하여 이야기를 해 보지요. 그가 추종하는 가치투자는 기업의 가치를 계산하여 주가와 비교한다는 방식이기 때문에 계산을 중요시할 수밖에 없습니다. 워런 버핏은 끊임 없이 측정하고 계산하면서 기업의 본질가치에 접근하고자 노력합니다.

특히 워런 버핏은 '가격'이라는 현상 저 밑바닥에 '가치'가 분명히 존재한다고 봅니다. 그런 의미에서 표면에 존재하는 상관관계에 좀 더 치우친 실증주의보다는 심층에 주의를 기울이는 실재론적 사고에 좀 더 가깝습니다. 그러나 이런 세세한 구분은 신경 쓰지 않아도 되겠습니다.

또한 워런 버핏은 '합리성'을 중요하게 여깁니다. 합리성이 중요하다는 이야기는 워런 버핏이 여러 번 언급한 적이 있습니다. 그가 보기에 투자자에게 고도의 IQ가 없더라도 합리적으로 사고할 수 있는 능력은 반드시 필요합니다. 합리성은 근거 없는 억측, 망상으로부터 벗어나서 사안의 본질에 더 가까이 갈 수 있도록 도와줍니다.

공자는 우리에게 합리적으로 행동할 도덕적 의무가 있다고 말했는데, 그래서 나는 공자를 좋아합니다. 나, 역시 오래전부터 그렇게 생각하고 있습니다. 버크셔는 합리적 행동의 전당입니다.

- 찰리 멍거[30]

워런 버핏의 오랜 동료이자 버크셔 해서웨이의 부회장인 찰리 멍거는 공자를 합리성의 전형이라며 치켜세우기도 했는데요, 이것은 어떻게 보면 당연하다고 볼 수 있겠습니다. 이야기는 이렇습니다. 동양철학을 강연하시는 최진석 교수님은 '공자철학이 모더니즘(이성적 사유와 본질 및 실체관을 근본으로 하는 사상)과 매우 닮아 있다'[31]고 설명하였습니다. 모더니즘의 중요한 특징 중 하나가 합리성입니다. 그리고 합리성의 전형을 보여 주는 학문이 수학입니다. 따라서 계산하고 측정하고 논리적으로 사고하는 워런 버핏의 방법론은 곧 합리성을 추구하는 것이며 이는 모더니즘과 연결이 될 수 있는 것이지요. 또한 역시 모더니즘의 특성을 많이 보이고 있는 공자를 치켜세우는 연결고리로 이해할 수 있습니다.

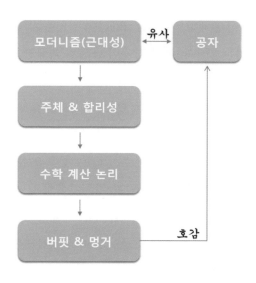

레이 달리오

레이 달리오는 1975년에 브리지워터 어소시에이츠를 설립하고 세계 최고의 헤지펀드로 키운 투자자입니다. 브리지워터 어소시에이츠는 2019년 기준으로 1,600억 달러의 자산을 운용하고 있습니다. 레디 달리오의 사고방식은 다음과 같습니다.

레이 달리오는 세상에 인과법칙이 내재되어 있다고 봅니다. 전형적인 합리주의의 모습이지요. 그는 세상과 역사에 대한 탐구를 하면 반복해서 발생하는 인과관계를 발견할 수 있다고 봅니다. 만약매번 역사가 다르게 진행되고 인과관계가 존재하지 않는다면 과거의 역사를 공부할 필요가 없겠지요. 레이 달리오가 보기에 이 세상에는 인과법칙이 존재하며, 이에 기반하여 원칙을 세울 수 있다고 봅니다. 원칙이라는 것은 어떤 현상들이 반복될 때에만 의미가 있습니다. 과거의 사례들을 공부하고 하나의 원칙을 세우고 그 원칙이 미래에도 들어맞기를 바라는 것이지요.

이런 식으로 역사와 과거사례들을 관통하는 원칙들을 세운다는 것은 이 원칙들을 알고리즘화할 수 있다는 것을 뜻합니다. 즉 원칙들을 알고리즘화하여 컴퓨터에 입력하는 것이지요. 1980년대 미국에서 상품선물 거래하던 이들이 컴퓨터에 익숙한 것처럼 상품선물 시장에서 많은 경험을 쌓은 레이 달리오 역시 컴퓨터에 익숙합니다. 그런데 그의 기법은 인공지능 기술로 본다면 전문가 시스템에 가깝습니다. 원칙들을 알고리즘화하는 것은 맞지만 그 원칙들을 세우는 것은 철저히 전문가들의 몫입니다. 거시경제의 변수들을 이해하고 알고리즘화하는 형태에서 최초의 작업을 인간이 하는 것입니다. 컴퓨터는 그저 시키는 일을 수행할 뿐입니다. 그의 헤지펀드는 패턴 학습을 통해서 시장을 학습하는 방식을 택하지는 않은 것으로 보입니다. 패턴 학습은 컴퓨터가 왜 그런 투자 결정을 했는지 인간이 들여다보고 이해하기가 쉽지 않습니다. 그는 인간이 이해하지 못하는 투자결정에 많은 돈을 맡길 수는 없다고 생각합니다.

한편 레이 달리오는 여러 경험들을 통하여 '예측'보다 중요한 것이 '대응'이라는 것을 알게 됩니다. 예측하는 것과 대응하는 것의 차이는 사실 애매할 수 있습니다. 다만 대응하는 행위가 발생한 일에 대하여 즉각적으로 반응한다는 측면이 있다면 예측하는 행위는 미래에 벌어질 일을 예상하여 움직인다는 점에서 좀 더 장기적입니다. 그리고 베팅사이즈로 봤을 때 예측하는 행위는 미래에 대한 강한 확신을 포함하고 있기 때문에 좀 더 집중투자하는 경향이 있습니다. 반면 대응하는 행위에 포커스를 맞추면 미래예측을 과신하지는 않기 때문에 집중투자의 정도를 낮추게 됩니다.

예를 들면 이렇습니다. 유럽이나 미국에서 포퓰리즘이 발생하면 정치적 긴장감이 높아질 수 있습니다. 1930년대 독일에 포퓰리즘이 발생하고 히틀러라는 괴물이 탄생한 것처럼 말입니다. 이것은 과거를 통해서 학습된 인과관계입니다. 포퓰리즘이 발생하고 전체주의의 기운이 득세하게 되면 전쟁과 같은 위험한 정치적 상황이 발생할 확률이 높아집니다.

최근 몇 년 전세계적으로 포퓰리즘이 기승을 부리는 상황에서 레이 달리오는 "현재 포퓰리즘이 발생하고 있으며 따라서 정치적인 긴장감이 높아질 것이고 투자자산의 조정이 불가피하다"는 식으로 말하지 않습니다. 이것은 미래를 예측하는 것입니다. 레이 달리오는 다음과 같이 말합니다. "만약 포퓰리즘이 발생한다면 정치적인 긴장감이 높아질 수 있다. 일단은 그런 일들이 발생하는지 주의 깊게 살펴봐야 한다." 이게 바로 대응입니다. [32]

레이 달리오와 그의 헤지펀드는 2012년 남유럽 위기 상황에서 큰 돈을 벌었습니다. 이때의 투자에 대해서 레이 달리오는 베팅 사이즈를 높였다면 더 큰 돈을 벌었을 수 있겠지만, 그런 식으로 하다 보면 결국 장기적으로 전체적인 수익률은 낮아지게 되어 있다고 말합니다. 이게 바로 예측은 커다란 베팅을 불러온다는 뜻입니다.

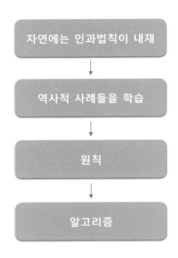

레이 달리오의 사고방식은 근본적으로 근대적이고 기계론적입니다. 그는 세계를 자연법칙이 내재된 일종의 기계로 봅니다. 인간 또한 마찬가지의 기계입니다. 기계는 원인과 결과가 확실합니다. 탁 치면 반응하는 것이 기계입니다. 거기에는 신비적이거나 현학적인 것들이 깃들 여지가 없습니다. 원인과 결과가 확실하기에 좀 연구하면 자연의 이치에 통달할 수 있습니다.

레이 달리오의 기계론적인 사고방식은 회사를 운용하는 데에서도 드러납니다. 그는 인간은 진화의 산물이며 인간의 행위는 그의 두뇌 스타일에 의해서 결정된다고 봅니다. 따라서 직원들의 두뇌 스타일을 파악하고 그것을 잘 써 먹을 수 있는 자리에 배치하는 것에 중점을 둡니다. 여러 가지 두뇌 스타일을 있는 그대로 인정하고 잘 배치하는 모습은 다음을 연상시킵니다. 채용된 인력 하나 하나는 변하지 않는, 그렇게 태어난, 고정된 형태의, 그 자체의 부품들이고 레이 달리오는 그 부품들을 잘 활용해서 기계를 만들어가는 것(경영)이지요.

또한 그의 투자 스타일은 매크로 투자로 분류할 수 있는데, 간단하게 금리, 부채, 경제성장률 등의 거시경제 지표들을 토대로 투자에 임하는 스타일이라고 볼 수 있습니다. 전체경제를 이해하고 투자에 임하는 전형적인 탑-다운 스타일입니다. 그 이해하기 어렵다는 거시경제의 움직임을 이해하고 원칙들을 만들고 알고리즘화하여 자산을 운용한다는 것은 그가 자신의 지식을 신뢰한다는 것을 의미합니다.

사실 최근 투자에는 포스트모던한 사고방식이라고 할까요. 이 세계는 너무 복잡해서 이해하기 어렵고, 또한 인간이 예측할 수 없는 사건인 블랙스완이 수시로 발생하기 때문에 적극적인 투자운용이 불가능하다는 식의 의견이 꽤나 강하게 주장되고 있습니다. 이러한 흐름에서는 적극적인 투자방식에 대한 회의적인 사고방식에 휩싸이면서 결국은 패시브 투자의 요소를 많이 받아들이는 것이 일반적인 결론입니다.

사실 레이 달리오의 기계론적인 이해방식과 세상과 자신에 대한 자신감은 오랜만에 보게 되는 유형이고 좀 올드한 스타일이라는 생

각이 듭니다. 올드(Old)하다는 것이 나쁘다(Bad)는 것과 동의어가
아니라는 점을 유의해야겠지만요. 레이 달리오의 책『원칙』은 흡사
포스트모던 철학이 오기 이전의 근대계몽주의 철학을 보는 듯 합니
다. 세상을 이해할 수 있고 바꿀 수 있다는 자신감으로 가득 찬 그런
철학 말입니다.

레이 달리오의 지식은 최신의 뇌과학과 심리학 등을 통해서 항상
업데이트 되고 있지만, 그 지식의 내용을 떠나서 그 지식들을 추동하
는 근본적인 정신을 살펴보면 발전하고 진보할 수 있다는 자신감이
그 밑바닥에 깔려 있는 것을 확인할 수 있습니다. 자신을 절제하고
계발하고 절차탁마해서 발전할 수 있다는 자신감입니다.

리드 호프만

다음으로 리드 호프만, 빌 밀러, 엘론 머스크를 살펴보겠습니다.

먼저 SNS 링크드인의 창업자로 유명한 리드 호프만입니다. 리드
호프만은 스탠퍼드 대학과 옥스퍼드 대학에서 철학을 공부하였습니
다. 특히 스탠퍼드 대학교 철학입문 과정에서 나중에 페이팔을 세우
게 되는 피터 틸을 만나게 됩니다. 수업이 끝난 후에도 논쟁을 벌였
을 정도로 서로 철학적 의견은 달랐다고 하네요. 참고로 피터 틸은
2016년 공화당 대선 후보인 트럼프의 지지연설을 하기도 하였습니
다. 반면 리드 호프만은 코리 부커 뉴저지주 상원의원, 카말라 해리

스 캘리포니아주 상원의원에 후원금을 보낼 정도로 민주당 성향이 강합니다. 둘이 대충 어떤 성향인지 짐작이 갑니다.

한편 리드 호프만은 철학자 중에서는 아리스토텔레스, 니체, 비트겐슈타인을 좋아한다고 합니다. 그는 한때 학계에 남는 것을 고려할 정도로 철학에 심취하였습니다. 하지만 좀 더 실질적으로 인류의 진보에 도움이 되는 비즈니스를 하고 싶다는 생각에 결국 실리콘 밸리로 가는 길을 선택하게 됩니다.

실리콘 밸리로 향한 리드 호프만은 우선 애플에서 일하면서 '이월드(EWorld)'라는 초기 형태의 SNS를 경험하였습니다. 1997년에는 '소셜넷'이라는 온라인 데이트 서비스 기업을 야심 차게 창업하였지만 성공하지는 못하였습니다. 하지만 이때 SNS 사업에 대한 노하우를 쌓을 수 있었지요. 그 후 리드 호프만은 피터 틸이 세운 페이팔에 참여하여 큰 성공을 일구어 냈습니다. 종잣돈이 생긴 리드 호프만은 2003년에는 다시 비즈니스 분야의 SNS인 '링크드인'을 창업하여 큰 성공을 거두었습니다.

이후 리드 호프만은 투자자로서 페이스북, 그루폰, 에어비앤비, 플리커, 징가 등에도 투자를 하였습니다. 특히 페이스북의 마크 주커버그를 만나서 그 가능성을 확인하고서는 피터 틸을 연결해 주기도 합니다.

리드 호프만은 투자자로서, 그리고 사업가로서 철학을 공부한 덕을 많이 보았다고 이야기합니다. 투자자나 사업가가 되는 것은 얼마간 철학자가 되는 것과 다름 없다고 이야기하기도 합니다. 그는 철학공부의 유용성을 크게 세 가지로 이야기를 합니다.

첫 번째로 철학을 통해서 '명료하게 생각하는 연습'을 한 것이 큰 도움이 되었다고 합니다. 그는 다음과 같이 말합니다.

투자 논거가 무엇이고, 전략은 무엇이고, 리스크는 무엇인가. 그리고 하려는 일이 어떤 종류의 일인지 등을 파악할 때, 철학으로 단련된 선명한 사고방식은 큰 도움이 됩니다. - 리드 호프만[33]

두 번째로 리드 호프만은 사람들의 본성을 이해하는 데 철학이 도움을 주었다고 하지요. 특히 인터넷 사업을 할 때 인간 본성을 파악하는 것은 매우 중요합니다.

소비자 인터넷 시장에 도전하는 창업가들은 본질적으로 인간 본성에 대한 이론을 구체화시키는 일을 하고 있는 것입니다. 개인 혹은 집단으로서 서비스에 어떻게 반응할지, 어떻게 상호작용할지, 어떻게 스스로를 인식하고 커뮤니케이션하고 거래할지 등에 대해서 말이지요. (중략) 이런 것들이 철학으로부터 나오는 개념들입니다. - 리드 호프만[34]

세 번째는 앞의 두 번째와 연결됩니다. 리드 호프만은 비트겐슈타인의 철학을 통해 사람들 사이의 커뮤니케이션이 어떻게 이루어지는지, 그리고 언어는 어떻게 작동하는지 그 원리를 이해하게 되었습니다.

리드 호프만은 비트겐슈타인의 『논리철학논고』라는 책을 추천하기도 하였습니다. 이 책은 언어분석철학의 역사에서 매우 중요한 자리를 차지하고 있는 책입니다. 리드 호프만은 사람들이 대화를 하고 뭔가 대화를 진전시키려고 할 때 언어를 어떻게 하면 좋은 도구로 사용할 수 있을지를 고민했습니다. 도대체 '언어가 작동하는 방식은 무엇이고, 어느 때 언어는 작동하지 않는가'라는 질문에 대한 해답을 그는 비트겐슈타인의 철학에서 얻었습니다.[35]

리드 호프만이 비트겐슈타인 철학의 어느 부분을 SNS사업에 구체적으로 적용하였는지 알 수 있는 자료는 별로 없는 것 같습니다. 그렇다면 언어가 어느 때 작동하고 어느 때 작동하지 않는지에 대한 비트겐슈타인 철학의 견해를 살펴보면서 간접적으로 이해해 볼 수는 있을 것 같습니다.

비트겐슈타인 철학은 크게 전기 철학과 후기 철학으로 나뉩니다. 전기 철학과 후기 철학 모두 언어의 본질에 대한 연구를 포함하고 있지만 그 내용은 조금 다릅니다.

그림이론으로 대표되는 전기 철학에서는 언어에 대해서 세계를 반영하는 일종의 거울, 혹은 그림 같은 것으로 이해를 합니다. 우리가 그림을 그리면 그 그림 안에는 세계가 담겨 있습니다. 그림을 보고 세계를 투영하여 이해할 수 있는 이유는 그 그림이 이 세계와 논리적 형식을 공유하고 있기 때문입니다. 마찬가지로 언어는 이 세계에 대한 그림이며 이 세계와 논리적 형식을 공유하고 있습니다. 그렇다면 언어는 어느 때 작동하지 않을까요. 그것은 그 그림이 이 세계를 그리고 있지 않을 때 입니다.

예를 들어 '김연아는 피겨 스케이팅 올림픽 금메달리스트이다'라고 주장하는 사람이 있습니다. 그의 말이 맞는지 안 맞는지는 김연아 선수에 대한 기사를 보여주거나 올림픽 위원회에 연락을 해서 확인해 주면 될 일입니다. 그러나 '제우스 신이 2020년 세계증시의 하락장을 허락했다'는 말을 하는 사람이 있다면 우리는 그 사람을 미친 사람이라고 보겠지요. 이 말은 이 세계에서 확인할 방법이 전혀 없습니다. 제우스 신이 존재하는지 증명할 방법도 없고 더군다나 그 신이 세계증시에 관여한다는 것 역시 확인할 방법이 없지요. 이 세상에 존재하지 않는 것에 대하여 잘못된 그림을 그리고 있는 것입니다. 이럴 때 언어는 제대로 작동하지 않습니다.

언어게임으로 대표되는 후기 철학에서는 언어를 일종의 게임으로 봅니다. 축구, 농구, 테니스, 복싱, 장기, 바둑 같은 게임 말이지요. 우리는 어릴 때 게임을 하면서 하나 하나 게임의 룰을 배웁니다. 그리고 그 룰 안에서 게임을 하게 되지요. 마찬가지로 우리는 게임을 하듯이 언어 사용의 룰을 하나 하나 배워갑니다. 만약 그러한 룰을 지키지 않으면 다른 사람과 대화를 할 수 없겠지요. 이제 언어는 정적으로 세계를 반영하고 있는 것이 아닙니다. 공동체에서 동적으로 만들어 가는 것입니다. 언어에는 다양한 게임이 존재하며 각 게임의 룰을 사람들은 함께 만들어 나갑니다. 전기 철학에서는 언어에 공통된 하나의 구조가 존재한다고 보았다면 후기 철학에서는 여러 게임들이 다양한 맥락 속에서 제 각각의 역할을 하면서 이루어집니다.

예를 들어 「라디오스타」라는 오락 프로그램에 가수 성시경 씨와 MC신정환이 신경전을 벌인 적이 있습니다. 먼저 성시경 씨가 좋아하는 연예인을 이야기하며 "언감생심이라는 말을 쓰고 싶네요."라고 하자, 신정환 씨는 "저는 안 쓰고 싶네요."라고 뜬금없이 받아 칩니다. 신정환 씨의 대답은 사실 좀 이상하지요. 우리는 이런 식으로 언어를 사용하지 않거든요. 신정환 씨의 말은 언어의 사용규칙을 어긴 것처럼 보입니다. 하지만 사람들이 이 말을 듣고 다 웃습니다. 이 말은 사실 농담이고 허튼소리입니다. 이 말은 사람들을 웃기게 하겠다는 목적을 성공적으로 달성하고 농담으로서 그리고 허튼소리로서의 사용규칙을 제대로 지키고 있습니다. 이 대화의 끝에 윤종신 씨가 웃으면서 이야기를 합니다. "논리가 없어요. 정환이랑 논리로 대결하면 안 되고 차라리 욕을 하면 돼요."[36]

반대로 사람들을 웃겨야 하는 예능 프로그램에서 누군가 진지한 이야기를 한다면 그것은 그 말의 사실 여부를 떠나서 예능의 사용규칙을 어긴 것이고 따라서 그 언어는 잘 작동하지 않는다, 이렇게 이해할 수 있겠습니다.

이제 다시 리드 호프만의 SNS사업으로 돌아와 보겠습니다. 여기에서 약간의 상상력을 동원하겠습니다. 만약 SNS 상에서 어떠한 사람이 가상의 프로필을 만들고 그에 맞춰서 거짓된 정보를 생산한다면 그 사람은 무의미한 언어들을 생산하는 것이겠지요. 왜냐하면 그것은 현실에서 대응하는 것이 하나도 없기 때문입니다. 그런 사람과 대화하는 것은 비생산적일 뿐만 아니라 대화도 겉돌 것입니다. 그런데 만약 그 사람의 커리어 중심으로 프로필을 등록하게 하고 그 프로필을 오픈시킴으로써 여러 사람들이 크로스 체크하게 되면 허구적 인물은 사라지고 대신 그 자리는 실제의 인물들이 가득할 것이고 또한 그들이 내뱉는 말들도 의미를 갖게 될 것입니다.

링크드인을 만들고 키워 가면서 리드 호프만은 페이스북 같은 SNS와는 서로 다른 게임을 한다고 생각했을 것 같습니다. 페이스북에 좀 더 일상생활의 콘텐츠가 많다면 링크드인에는 좀 더 커리어와 관련된 콘텐츠들로 채우는 것이죠. 마치 트레이닝복을 입고서 조깅하는 느낌으로 페이스북을 한다면 정장을 입고 좀 더 격식을 차린 느낌으로 링크드인을 하게 하는 것입니다. 링크드인의 경우 구인구직을 용이하게 하는 SNS로 작동하고 있고 이러한 맥락 속에서 개인의 신변잡기와 관련된 콘텐츠는 제외되고 좀 더 사회생활과 관련된 콘텐츠가 생산되면서 사용자 간의 대화가 이루어지도록 유도가 되는 것이지요.

결론적으로 리드 호프만은 비트겐슈타인 철학을 공부하여 링크드인 같은 SNS 사업을 창업하고 성공하는 데 큰 영향을 받습니다. 이

월드, 소셜넷, 링크드인, 페이스북 등 그의 커리어를 관통하는 한 단어가 'SNS'라는 점을 생각하면 이 철학을 공부해서 본전은 확실히 뽑은 것 같습니다.

빌 밀러

기술주 투자로 유명한 빌 밀러 이야기도 잠깐 하겠습니다. 빌 밀러는 기술주에 대한 가치투자로 큰 성공을 거두었던 투자자입니다. 미국 자산운용사 레그메이슨에서 펀드매니저로 일하면서 1991년부터 2005년까지 15년 동안 S&P 500 지수를 앞지르는 성과를 거두었습니다. 특히 아마존, Dell, AOL 같은 기술주에 투자하여 큰 수익을 거두었습니다. 그는 2008년 금융위기 여파로 투자했던 금융주들이 망가지는 바람에 일선에서 물러났으나 다시 복귀하여 예전에 비해서는 적은 자산을 운용하고 있습니다. 또 최근에는 암호화폐 투자와 관련해서 이름이 거론되었었는데, 벤처투자자를 제외하고 월스트리트의 유명투자자들 중에서 암호화폐의 전망을 밝게 본 흔치 않은 케이스입니다.

빌 밀러는 존스 홉킨스 대학에서 철학으로 박사학위를 받았으며 2018년에는 모교 철학과에 7,500만 달러를 기부하기도 하였습니다. 빌 밀러는 철학을 통해서 더 나은 인간이 되었다고 감사해합니다. 칸트, 흄 같은 철학자들이 그에게 큰 영향을 주었다고 합니다. 또한 찰스 퍼스, 윌리엄 제임스, 존 듀이, 리처드 로티 같은 실용주의 철학자들과 러셀, 무어, 비트겐슈타인 같은 영미분석철학자들을 좋아합니다. 책『빌 밀러의 기술주 투자』에서는 다음과 같은 내용으로 빌 밀러를 평가합니다.

밀러의 실용주의적 성향은 사고의 유연성과 탄력성에 많은 도움을 주었다. 랜덤워크 이론, 현대 포트폴리오 이론, 또는 투자에 대한 이론을 살펴본 결과 이러한 이론들이 효력을 발휘한 기간은 잠시뿐이라는 것을 알게 됐다.

- 재닛 로[37]

  빌 밀러는 또한 철학으로부터 배운 '분석적이면서 비판적인 사고 방식'이 투자를 하는 데 있어서 큰 도움이 되었다고 말합니다. 빌 밀러도 리드 호프만과 마찬가지로 철학을 공부함으로써 얻은 것을 '엄격하게 분석하는 정신'이라고 합니다. 이 둘이 공통적으로 좋아하는 철학자가 영미분석철학의 거두 비트겐슈타인이라는 점이 눈에 띕니다. 빌 밀러와 리드 호프만 둘 다 분석철학을 공부하면서 엄격한 분석에 대한 트레이닝이 된 것이라고 볼 수 있겠습니다.

제프리 건들락

비트겐슈타인의 철학을 잘 소화하여 사업과 투자에서 성공한 사람들이 있는 반면 비트겐슈타인 철학을 공부하고 영영 철학을 떠나버리는 사람도 존재합니다. 관련하여 한번 이야기를 하면 재미있을 것 같습니다.

여기 '신채권왕'이라고 불리우는 제프리 건들락이 있습니다. 그가 설립한 DoubleLine은 2019년 기준으로 1,500억 달러 규모의 금액을 운용하고 있습니다. 제프리 건들락은 다트머스대학교에서 철학과 수학을 전공하였습니다. 그는 한때 철학교수를 꿈꾸기도 하였습니다. 그러나 비트겐슈타인의 철학을 공부하고선 그럴 필요가 없다는 생각을 하게 됩니다. 그리고 제프리 건들락은 철학의 세계를 떠나서 수학의 세계에 좀 더 심취하게 됩니다. 그의 말을 직접 들어 보지요.

비트겐슈타인은 '철학이 의미 없는 말들에 불과하다'고 주장하였습니다. 그것은 마치 병 안에 들어간 파리가 밖으로 탈출할 수 있는 길을 찾지 못하는 것과도 같습니다. 삶의 의미가 무엇이냐는 질문처럼 말이죠. 이것은 질문처럼 들립니다마는 사실 아무 것도 의미하는 바가 없습니다.   - 제프리 건들락[38]

말이 좀 명확하지는 않은데 제 해석은 이렇습니다. 삶의 의미가 무엇인지는 우리가 경험적으로 확인할 수 없는 것이지요. 옳다, 그르다 말할 수 없다는 것입니다. 그냥 각자의 의견만 있을 뿐입니다. 이것은 정답을 확인할 방법이 없는데 방법을 찾으라고 하니 의미가 없다는 것입니다. 마치 병 안에 들어가 있는 파리가 탈출구를 찾는 것처럼 의미가 없는 일이지요. 왜냐하면 거기에는 이미 탈출구가 없기 때문이죠. 이런 허황된 주제들을 다루기 때문에 철학이 궁극적으로 의미하는 바는 없다, 뭐 이렇게 주장할 수 있는 것입니다.

사실 누구나 다 철학을 공부하고선 거기에서 효용성을 발견하는 것은 아닌 것 같습니다. 누군가는 철학 공부가 잘 맞을 수도 있고 또 맞지 않을 수도 있는 것입니다. 이렇게 말하는 것이 솔직한 의견일 것입니다. 다만 하던 가락이 있어서인지 제프리 건들락은 컨퍼런스 같은 데서 철학자들을 인용하기도 합니다.

제프리 건들락은 "같은 강물에 발을 두 번 담글 수 없다."는 말을 인용합니다. 이 말은 고대 그리스 철학자 헤라클레이토스가 모든 것이 변화한다는 의미로 사용한 말입니다. 금융시장에서도 과거를 통해서 미래를 보려는 노력이 지배적인 가운데, 무비판적으로 과거의 도그마에 빠지지 말라는 의미에서 이 인용을 사용한 것입니다. 예를 들어 통화정책을 연구하는 사람들이 과거의 금리수준을 기억하면서 그대로 적용하는 것은 무리라는 것이지요. 왜냐하면 지금은 인플레이션 환경이 아니기 때문입니다.[39]

그는 또한 니체의 '영원회귀'의 개념을 인용하기도 합니다. 제프리 건들락이 보기에 투자에 있어서 미국주식이 비싸면 팔 때가 된 것입니다. 반면 이머징 마켓의 주식이 싸다면 살 때가 된 것입니다.[40] 이것은 투자의 세계에서 원래 '평균회귀'의 개념에 기반합니다. 너무 오른 주식은 결국 떨어지게 되어 있고 너무 떨어진 주식은 다시 회복하는 경향이 있다는 것입니다. 그는 '평균회귀'를 설명하기 위해서, 그리고 나아가 순환적인 방식의 사고를 권고하기 위해서 니체의 영원회귀 개념을 인용한 것입니다.

그런데 니체의 '영원회귀'의 개념은 여러 가지 의미로 이해되고 있습니다. 특히 프랑스 철학자 들뢰즈의 해석에 따르자면 영원회귀는 동일한 것으로의 회귀, 동일한 것으로의 순환을 의미하지 않습니다. 영원회귀는 차이나는 것들, 동일하지 않은 것들이 계속해서 반복된다는 뜻입니다. 그래서 그것은 새로운 것들의 향연이며 곧 생성이며, 변화를 의미한다고 볼 수 있습니다. 이러한 해석은 제프리 건들락이 인용한 방식과 조금 차이가 있다고 볼 수가 있습니다. 그러나 그가 정확히 어떠한 의미로 인용을 했는지는 자료가 충분하지 않아서 확실하게 판단할 수는 없겠습니다.

엘론 머스크

피터 틸, 리드 호프만과 마찬가지로 페이팔 출신인 엘론 머스크는 이후 테슬라, 스페이스 X, 솔라시티 등을 창업하여 몸이 열 개가 부족할 정도로 열심히 일하는 모습을 보여주는 기업가입니다. 그는 물리학을 잠깐 공부하는데요, 이때 평생 써먹을 사고방식을 아리스토텔레스로부터 배우게 됩니다. 그 이야기를 해 보겠습니다.

▶ 아리스토텔레스의 사고법

보통의 사람들은 남들이 하는 것을 보고 따라 합니다. 그저 맞춰서 사는 것이지요. 그러나 엘론 머스크는 남들이 생각하는 것을 그저 따라 생각하지 않습니다. 독자적으로 생각합니다. 그 사고법은 아리스토텔레스에게서 얻은 것입니다.

엘론 머스크는 사업을 하면서 문제를 만날 때마다 아리스토텔레스가 말한 '제1원리'를 찾는다고 합니다. 제1원리라는 것은 가장 전제가 되는 것을 말합니다. 더 이상 소급할 수 없는 것이지요. 그러한 제1

원리를 찾아서 거기서부터 문제를 풀어 나가는 것입니다. 본인이 문제를 파고들어가서 합리적으로 답을 얻어내고 그대로 실행합니다.

우선 제1원리를 좀 더 생각해 보죠. 예를 들어서 우리는 우주의 기원에 대해서 생각합니다. 아마도 신이 이 세계를 창조했다면 신이 존재했겠죠. 아니면 그냥 물질이 있었고 그 다음에 빅뱅이 일어났을지도 모릅니다. 그러면 우리는 묻겠죠. 천지창조 이전에는 모든 것이 어떠한 방식으로 존재했던 것인가. 혹은 빅뱅 이전에는 무엇이 있었는가. 그러나 사실 더 추리하기는 어렵습니다. 그저 시작은 신이 있거나 물질이 있었거나 할 뿐입니다. 제1원리는 말하자면 이런 것입니다.

엘론 머스크는 기존의 로켓을 사는 대신 직접 만들기로 결정했을 때 이런 사고의 방법을 사용했다고 하지요.

"로켓은 무엇으로 만들어지지? 알루미늄 합금, 티타늄, 구리 및 탄소 섬유 등이다. 그러면 원자재 시장에서 이 재료들은 얼마나 하는가? 로켓 재료비는 기존 로켓 가격의 2% 정도밖에 하지 않는다."

사람들은 로켓이 비싸다는 전제 위에서 계획을 세웁니다. 그러나 남들을 그저 흉내 내는 사람이 아닌 엘론 머스크는 그 전제를 한번 더 파고듭니다. 로켓의 원재료는 무엇이고 그 원재료가 각각 얼마에 거래되는지 확인합니다. 원재료의 가격을 확인했더니 이건 너무 싼 것입니다. 엘론 머스크는 로켓을 직접 만들지 않을 이유가 없다고 생각했습니다. 전기자동차 배터리를 직접 제작하기로 했을 때도 마찬가지의 방식을 따릅니다.

"배터리는 무엇으로 만들어지지? 코발트, 니켈, 알루미늄, 탄소 섬유 등이다. 그러면 런던금속거래소에서 이 재료들은 얼마나 하는가? 1kwh당 $80 정도밖에 하지 않는다."

역시 배터리 원재료값이 얼마 하지도 않는다면 직접 만들지 않을 이유가 없는 것이지요.

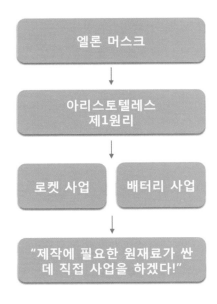

▶ 데카르트의 사고법

엘론 머스크는 문제를 만나면 그 문제들을 요소들로 분해해서 가장 확실한, 그리고 모든 논의의 출발이 되는 하나의 전제로부터 시작하려고 노력합니다. 사실 이러한 방법은 아리스토텔레스뿐만 아니라 근대 철학자 데카르트도 사용하였습니다. 데카르트는 '나는 생각한다, 고로 존재한다'는 명제를 철학의 제1원리로 삼고 철학을 전개합니다. 이것만큼은 확실하다는 것이지요. 데카르트는 다음과 같이 학문하는 방법을 가르쳐 주기도 하였습니다.

1. 확실한 것만 받아들일 것
2. 잘게 쪼개서 탐구할 것(분석)
3. 단순한 것에서 복잡한 것으로 나아갈 것(종합)
4. 빠진 것이 없는지 확인할 것

이러한 방식은 굉장히 기계적인 방식입니다. 기계부품들을 조립하여 하나의 완성된 기계를 만들듯이, 여러 확실한 사실들을 부품으로 하여 그 부품들을 조립하여 하나의 완성된 사고의 조형물을 만들어 간다는 것 말이지요. 근대철학을 추동하였던 기계론적이고 수학적이고 논리적인 방식입니다.

엘론 머스크는 지식을 습득할 때 가지나 나뭇잎에 해당하는 지식을 공부하기 전에 뿌리나 기둥처럼 좀 더 근본적인 원리에 해당하는 지식을 획득하라고 권고합니다. 이 부분도 데카르트가 연상되는 부분입니다. 데카르트 또한 학문의 체계를 나무에 비유하였습니다. 뿌리는 형이상학, 몸통은 과학, 가지는 의학 같은 좀 더 실용적인 학문들이 자리를 차지하지요. 학문과 지식들의 체계를 수목형 구조로 파악하는 것 또한 데카르트와 엘런 머스크의 공통점이라고 할 수 있겠습니다.

요약

워런 버핏과 레이 달리오는 실증주의/합리주의 전통의 모습을 그대로 보여 줍니다. 실증하고 계산하고 합리적으로 생각하는 모습의 전형입니다.

리드 호프만은 분석철학의 거두 비트겐슈타인의 철학을 공부하고 SNS 사업에 대한 통찰력을 얻을 수 있었습니다. 빌 밀러 역시 분석철학으로부터 엄격하게 비판하는 정신을 배웠습니다.

반면 제프리 건들락은 비트겐슈타인의 철학을 공부하고 철학 교수가 될 마음을 접습니다. 하지만 그는 투자 컨퍼런스 등에서 니체와 같은 철학자들을 종종 인용하기도 합니다.

엘론 머스크는 아리스토텔레스의 '제1원리' 사고법을 배워서 사업 내내 문제해결을 위해 써 먹습니다. 이러한 모습은 또한 데카르트 철학의 기계론적인 모습을 연상시킵니다.

앙드레 코스톨라니/짐 로저스 /피터 틸/스티브 잡스

이번에는 현상학/해석학적으로 해석이 가능하거나 인문학, 예술, 역사적으로 해석할 수 있는 투자자들을 모아 봤습니다. 먼저 예술철학을 전공하였던 유럽의 투자자 앙드레 코스톨라니를 살펴보겠습니다.

앙드레 코스톨라니

앙드레 코스톨라니의 책들을 보면, 계산에 관련된 내용이 별로 없습니다. 경지에 도달한 노(老) 투자자가 세부적인 것들은 생략하고 이야기를 진행했을 수도 있겠지만 근본적으로 그에게는 계산보다 더 의지한 다른 것들이 있었다는 관점이 더 맞지 않을까 싶습니다. 그런 후보 중의 하나가 바로 '예술'입니다. 그는 투자 행위를 아예 예술 행위로 보기도 하였습니다.

앙드레 코스톨라니는 특히 '초현실주의'를 말합니다. 초현실주의는 합리성, 이성의 세계를 대신하여 보이지 않는 세계, 꿈과 무의식 등을 강조하는 예술사조입니다. 합리성의 세계는 눈에 보이며 계산할 수 있고 실증할 수 있고 논리적으로 파악할 수 있습니다. 반면 꿈과 무의식의 세계는 보이지 않는 세계입니다. 하지만 보이는 세계를 산출하고 지탱한다는 점에서 오히려 더 근본적인 것일 수 있습니다. 초현실주의는 이 보이지 않는 세계를 보이는 공간에 드러냅니다.

초현실주의로 투자의 세계를 보는 것은 비현실적인 것처럼 보이지만 어쩌면 더 중요한 것들을 드러낼 수 있을지도 모릅니다. 투자에서 숫자화하고 계량화하고 측정한 모든 것들은 그저 드러난 빙산의 일부입니다. 그 뒤에는 좀 더 근원적이고 역동적인 세계가 뒷받침하고 있습니다. 실제 변화를 만들어 내고 있는 세계인 것이지요. 이것을 알아보기 위해서 현실적인 사고방식만으로는 부족할 것입니다. 앙드레 코스톨라니의 말처럼 '때로는 다리를 위로 치켜들고 머리는 아래쪽으로 향하게' 해야 합니다.[41] 실제로 앙드레 코스톨라니의 투자사례에는 엄밀한 계산, 실증 데이터 분석보다는 죄다 오랫동안 봐왔던 지도자, 국민, 국가에 대한 믿음, 상상력의 활용 등이 눈에 띄지요. 『돈 뜨겁게 사랑하고 차갑게 다루어라』에서 앙드레 코스톨라니 본인이 한 투자사례들을 소개하는데 공통점이 눈에 보이는 것 같습니다. 예를 들면 다음과 같습니다.

- 러시아 투자: 러시아가 차르 시대의 채무를 어떤 식으로든 정리해야만 그 채권 발행이 이루어질 수 있을 것이고, 러시아가 장기적으로는 지불 능력이 있는 나라라고 생각했다.

- 독일 투자: 독일의 미덕과 아데나워를 믿었다. 독일이 언젠가는 그들의 빚을 갚을 것으로 생각했다.

- 프랑스 투자: 드골의 승리에 대해서 한 번도 의심한 적이 없었다. 또 나는 빚이 없었기 때문에 걱정할 것도 없었다.

- 이탈리아 투자: 캘리포니아의 거대 자동차 회사인 카이저 프라쩌가 튜린에 있는 피아트와 계약을 맺었다는 내용이었다. 계약의 내용은 이탈리아 회사가 매년 임가공의 형태로 10만 대의 자동차를 생산한다는 것이었다. 그때 나는 이렇게 생각했다. '섬유 산업 이후로 이런 방법이 하나의 패턴이 된 것이군. 그럼 섬유 산업 다음은 자동차라는 소리군.'

- 미국 투자: 크라이슬러의 경우 나는 브로커가 조언한 것과 정반대로 투자했고, 그 결과 행운의 여신은 내 편을 들어 주었다. 전설적인 회사 경영자인 리 아이아코카는 크라이슬러의 재생을 설득력 있게 보여 주었다.[42]

러시아와 독일이라는 나라에 대한 믿음, 아데나워, 드골, 리 아이아코카 같은 지도자들에 대한 믿음은 계량화되지 않는 정성적인 판단이지요. 또한 남들이 미처 알아차리지 못한 '러시아가 차르 시대의 채무를 정리해야만 한다'는 사실과 '이탈리아 산업의 중심이 섬유에서 자동차로 변화한다'는 사실을 간파하였지요. 이런 것이 바로 '예술적 통찰'의 사례가 아닐지 싶습니다.

이러한 예술적 통찰은 채워져 있는 시간보다는 비워져 있는 시간에 가능한 것입니다. 여유 있게 여행하고 산책하고 자전거를 타면서 자연스럽게 생각을 합니다. 생각은 생각의 꼬리를 뭅니다. 그리고 본질을 직관합니다. 사태의 본질을 발견하는 것이지요. 앙드레 코스톨라니는 데이터들이 가득한 수많은 보고서들을 읽으면서 너무 바빠 스스로의 생각을 정립하지 못하는 프로 투자자들보다 생각하는 시간을 오래 갖는 일반인들이 더 유리할 수도 있다고 이야기하였습니다.

짐 로저스

짐 로저스를 두고서는 최근 여러 가지로 말이 많습니다마는 그가 역사공부를 중요시하는 투자자의 전형이기 때문에 여러 투자자들과 함께 설명을 해 보겠습니다.

짐 로저스는 역사를 통해서 많은 것들을 배울 수 있다고 봅니다. 그리고 단순히 역사를 배우는 데 그치는 것이 아니라 미래를 향해 자신을 투신하는 행위인 '투자'에도 적용시키지요. 그는 스스로 '투자자'이기보다는 '역사가'라고 생각을 합니다. 그는 또한 역사공부에서 더 나아가서 직접 발로 뛰면서 얻을 수 있는 정보들을 중요하게 여깁니다. 이를 '현장연구'라고 합니다. 그는 역사를 공부하는 것을 중요시하고 실제 현장에서의 연구는 더 중요시합니다.

▶ 역사적 관점

예일대와 옥스퍼드대에서 역사를 전공한 짐 로저스는 투자에 있어서도 '역사적 관점'을 중요시합니다. 투자자들에게 역사에 대한 공부를 권유하기도 하지요. 그는 언제나 역사의 큰 흐름 위에서 판단하며, 과거의 패턴이 반복되는지 신중하게 살펴봅니다.

물론 과거는 정확하게 반복되지 않습니다. 짐 로저스는 하워드 막스가 그랬던 것처럼 마크 트웨인의 말을 인용합니다. '역사는 리듬에 따라 움직인다.'[43] 이 말은 역사는 비슷한 유형으로 반복된다는 뜻으로 자주 인용됩니다.

그는 '이번에는 달라'[44]라는 말은 위험한 징후라고 생각합니다. 이 말은 여러 투자자들이 경계해야 하는 말로 꼽았으며, 투자 관련 책에 자주 등장합니다.

실제 예를 들어 볼까요. 2008년 금융위기가 오기 전 2006~2007년에 전 세계 증시는 활황세를 보였습니다. 그때 신문에는 '영원히 성장하는 세계, 영원히 상승하는 시장이 도래했다' 류의 기사도 보일 정도였습니다. 이것은 역사에 대한 무지를 보여 주는 것입니다. 짐 로저스 이외에 다른 투자의 대가들도 그들이 겪은 많은 경험과 역사 공부를 통해서 투자에는 붐과 폭락이 반복된다는 것을 알고 있습니다. 그리고 이에 대한 모형들을 저마다 갖고 있습니다.

레이 달리오는 역사를 통해 생산성 향상이 장기추세를 만들어 내고 부채 상황이 단기 추세를 만들어 낸다는 것을 배웠습니다. 레이 달리오는 'How The Economic Machine Works'[45]이라는 짤막한 동영상에서 이렇게 설명합니다.

경제의 장기추세는 경제성장률 등 펀더멘탈에 달린 것이고 그 추세를 오르락내리락하는 또 다른 부채 사이클이 존재합니다. 부채가 너무 많으면 지출이 줄어들고 동시에 거래 상대방의 소득이 줄어듭니다. 그리고 경기가 안 좋아지게 됩니다. 부채를 없애기 위해서는 지출을 줄이는 방법, 부채를 조정하는 방법, 부유층에 대한 과세 등을 사용할 수 있는데 이 방법들은 디플레이션 경제로 유인할 수 있는 여지가 많기 때문에 부작용을 신경 써야 합니다. 나머지 한 가지 방법은 돈을 풀어서 소비를 늘리고 소득수준이 부채가 증가하는 속도보다 빠르게 증가할 수 있도록 유도할 수 있겠습니다. 하여간 세세한 것들은 잊어버리더라도 중요한 것은 부채, 그리고 풀린 돈의 양이 생선성의 향상이라는 장기 추세 위 아래로 역동적인 부채의 추세를 만들어 낸다는 것입니다.

앙드레 코스톨라니도 여러 경험들을 토대로 강세장과 약세장을 설명하는 '달걀모형'을 만들었습니다. 『돈 뜨겁게 사랑하고 차갑게 다루어라』[46]에서 소개된 내용은 이렇습니다. 일단은 주식시장이 망가진 상황에서부터 시작해 보겠습니다. 이 시기에 소신파 투자자들이 시장에 슬그머니 진입합니다. 그리고 주식시장이 박살나고 경기가 안 좋으면 인플레이션에 대한 염려가 사라진 중앙은행이 금리를 내리고 돈을 풀게 됩니다. 그 후 경제상황이 서서히 좋아지기 시작합니다. 그리고 주식시장도 무난한 증가세를 보여줍니다. 이 중간영역에서는 주식시장의 추세를 적당히 알아볼 수 있는 투자자들이 참여하기 시작합니다. 이들의 매수가 주식시장을 좀 더 뜨겁게 만듭니다. 그리고 주식시장은 투기심리가 달아붙어 과열되기 시작합니다. 뉴스 등에서 주식시장 활황세라는 소식을 들은 부화뇌동파 투자자들이 신용으로 무장한 채 시장으로 달려옵니다. 주식시장이 미친듯이 올라갑니다. 마지막으로 주식을 사줄 최후의 부화뇌동파 투자자가 참여한 이후에 시장은 몰락하기 시작합니다. 거기에다가 만약 경기가 너무 과열되었다고 판단한 중앙은행이 금리를 올리고 돈을 옥죄면 시장은 압박감을 느끼게 되어 있습니다. 이제 파티는 끝날 시간인 것이지요.

앙드레 코스톨라니는 또한 미래는 몰라도 최소한 현재까지 무슨 일이 벌어졌는지에 대해서는 알아야 한다고 말했습니다. 역사를 공부하고 이를 바탕으로 모형을 만들고 미래로 연결되는 추세를 이해하는 것이지요.

결론적으로 우리는 짐 로저스가 말하듯이 '이번에는 달라'라는 말을 경계해야 하며 '역사는 리듬에 따라 움직인다'는 말을 기억하면 좋을 것입니다. 그리고 많은 투자의 대가들이 같은 메커니즘으로 투자를 바라본다는 것도 알면 좋겠지요.

▶ 현장연구

내가 만약 스물한 살이라는 나이에 충분히 현명했더라면 옥스퍼드대에 가지 않고 중국에 갔을 것이다. 물론 옥스퍼드 시대는 멋지고 즐거운 시간이었지만 지금 돌이켜 생각해 보면 중국으로 가야 했다고 생각한다.   - 짐 로저스[47]

위의 말에서 보다시피 짐 로저스는 역사를 중요시하지만, 책으로 얻는 지식과 대학에서 배울 수 있는 지식보다는 현장에서 얻을 수 있는 지식을 좀 더 중요하게 여기는 듯합니다. 어떤 나라의 문화와 역사는 실제 그 땅을 밟아 보고 배우는 것이 더 확실한 것입니다. 이러한 방식은 짐 로저스가 처음 월가에서 일을 시작할 때부터 직접 기업을 방문하여 리서치하는 모습에서도 찾을 수 있고, 은퇴 후에 세계 각국을 돌아다니면서 그 나라의 사정을 파악하는 모습에서도 파악할 수 있습니다. 그가 출판한 책들의 표지만 봐도 흡사 탐험가 같은 모습을 발견할 수 있지요.

원래 '현장연구'는 사회과학 분야에 속하는 인류학에서 곧잘 활용되는 방법입니다. 예를 들어 인류학자들은 원주민들을 연구하기 위

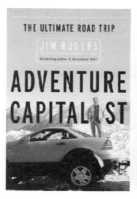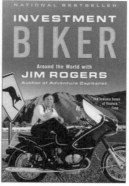

짐 로저스의 책
『Adventure Capitalist』, 『Investment Biker』 영문판 표지

하여 그들의 공동체에 직접 참여합니다. 이때 인류학자들은 열린 마음을 갖고 원주민들의 신뢰를 얻고자 노력하게 됩니다. 이를 통하여 그들의 삶에 동화되고 문화를 체험하면서 공동체의 특성을 깊게 관찰할 수 있게 됩니다. 이 방법을 사용하면 책상에 앉아서 이론적으로만 상상한 내용들, 꾸며낸 이야기가 아니라 현장의 생생한 이야기들을 확인할 수 있지요.

비즈니스 세계에서 현장연구가 사용된 예를 들어 보겠습니다. 이 내용은 책 『센스메이킹』에 소개된 사례입니다. 컨설팅 회사 레드 어소시에이츠는 미국의 포드 자동차의 컨설팅 업무를 맡아 진행하면서 6개월에 걸쳐서 60명에 대해서 집중적으로 '현장연구'를 진행하였습니다. 그리고 세계 각국의 고객들이 원하는 것은 '고급스러운 경험'이라는 것을 알게 되었지요. 이는 엔지니어링 관점에서 어떻게 하면 좋은 기능을 제공할 수 있을까에 몰두해 있었던 포드 자동차에게 깊은 통찰을 전해 주게 됩니다. 이는 비즈니스 세계에서의 컨설팅은 수 년에 걸쳐서 시간을 소비할 수는 없기 때문에, 나름 '현장연구'의 장점은 살리면서 빠르게 진행한 사례입니다.[48]

짧은 기간을 상대를 바라볼 때는 사실 사상, 이념, 체계, 선입견을 벗어나서 상대를 바라보기 어렵습니다. 오랫동안 몰입하는 과정에서 얻을 수 있는 장점은 상대를 대상화하여 주관과 객관을 분리시키는 상태 이전으로 들어갈 수 있다는 것입니다. 그 문화에 깊숙이 들어가서 이 세상에 내던져져서 여러 사람, 자연, 세계의 구성물들과 관계를 맺고 삶을 영위하고 있는 구체적 실존으로서의 인간을 바라볼 수 있게 됩니다. 이러한 내용은 하이데거 철학에 가깝습니다. 레드 어소시에이츠는 현상학자들 중에 하이데거를 많이 참고한 듯 합니다.

여기에서 현상학과 인류학의 관계가 질문이 있을 수 있겠습니다. 일단 인류학은 원시사회를 연구하는 사회학의 한 분야입니다. 인류학자들 중 일부분은 원시사회를 연구하는 데 있어서 현상학적 방법론의 영향을 받았습니다. 그런데 현상학자들은 매우 다양합니다. 하나의 이론으로 정확하게 모두를 포괄하여 설명할 수는 없습니다. 현상학자들이 제각각인 것처럼 어떠한 현상학적 방법론을 차용하는지에 따라서 인류학이 사용하는 방법론이 달라질 수 있겠지요.

다시 원래의 이야기로 돌아가서요, 사실 우리가 투자를 하면서 보통은 기업실사나 기업탐방을 나갑니다. 직접 나가지 않더라도 애널리스트들이 그 일을 대신하고 보고서를 통해서 상황을 알려 주지요. 그러나 이때 기간이 그다지 길지가 않습니다. 인류학의 현장연구가 짧게는 1년, 길게는 몇 년 이상의 시간을 보내게 되는 것과는 대조적입니다. 비교적 짧은 시간 안에 피상적으로 얻을 수 있는 숫자 데이터 이외에, 오랜 시간 상대방의 문화에 몰입할 때 얻을 수 있는 두꺼운 정보들이 있는 것입니다. 그리고 이런 정보들을 얻기 위해서 현장연구의 방법이 사용될 수 있습니다.

피터 틸

피터 틸(혹은 피터 티엘로 부름)은 페이팔 마피아로 유명합니다. 페이팔을 창업하였고 페이스북에도 초기에 투자하여 대박을 터뜨렸습니다.

학력을 살펴보자면 그는 스탠퍼드 대학교에서 철학을 공부하였습니다. 특히 대학에서 만난 르네 지라르 교수(1923~2015)는 그의 세계관에 큰 영향을 주었습니다. 그리고 피터 틸은 르네 지라르에게 배운 모방이론(혹은 욕망이론, 모방욕망이론)을 사업에도 적용시킵니다.

피터 틸을 알기 위해서는 르네 지라르를 살펴보아야 합니다. 그는 인간의 모방욕망에 대해서 깊이 연구한 프랑스 태생의 철학자이자 문학비평가입니다. 박사학위로는 역사학을 공부하였으며 대학에서 학생들에게는 문학을 가르치기도 했습니다. 그는 해석학이나 현상학적 방법을 사용하지는 않지만 문학작품, 신화, 성서 연구를 열심히 하였습니다. 문학작품과 고대신화들을 연구하면서 발전시킨 것이 모방이론이기도 하지요. 또한 이러한 연구들을 토대로 신학에 대한 주장들도 전개시킵니다. 저서로는 『폭력과 성스러움』, 『낭만적 거짓과 소설적 진실』, 『나는 사탄이 번개처럼 떨어지는 것을 본다』, 『문화의 기원』, 『Things Hidden Since The Foundation of the World』 등이 있습니다.

르네 지라르는 전형적인 철학자도 아니고 문학평론가도 아니고 신학자도 아니고 인류학자도 아니고 역사학자도 아니고 이 모든 것들이 중첩된 자리에 있는 학자라고 할까요. 아뭏든 그렇습니다. 문학작품과 성서를 텍스트 삼고 고대신화와 신학, 기독교를 넘나들면서도 역시 역사, 문학, 성서를 연구하는 해석학과도 상이한 궤적을 보입니다. 과학은 과학을 연구하는 방법이 있고 인간을 연구하는 방법이 따로 필요하다고 보는 해석학의 방법론을 지라르는 사용하지 않습니다. 해석학이 포스트모던 철학자들에게 영향을 주고 포스트모던 철학이 신좌파 철학과 연계가 많이 된다면 그에 반해서 지라르는 로저 스크러턴 같은 보수주의적인 학자들에게도 영향을 준 듯합니다. 또한 하이데거, 들뢰즈 등에 많은 영향을 준 니체와 내용적으로 대척하는 지점에 서 있습니다.

르네 지라르의 모방이론 중에 피터 틸이 이해하고 받아들인 부분은 이렇습니다. 우선 인간의 욕망을 잘 살펴보면요, 그냥 독립적으로 주체적으로 무엇을 욕망하는 것이 아니라 남들이 욕망하는 것을 따라할 뿐입니다. 자율적으로 욕망하는 인간이라는 것은 우리의 환상일 뿐 실제로는 존재하지 않습니다. 이것은 어느 누구랄 것 없이 다 똑같습니다. 우리 모두가 서로를 모방하고 같은 것을 욕망하다 보니 그것을 놓고 경쟁하는 처지가 될 수밖에 없습니다. 더군다나 여러 가지 조건이 비슷한 사람들이라면 경쟁은 더 심화될 수밖에 없습니다. 이러한 경쟁은 진정한 가치에 대한 우리의 눈을 가리고 쓸모 없는 것들에 탐닉하게 만들지요. 이러한 경쟁은 갈등을 유발하고 그 갈등은 결국 희생물 제의로 순화됩니다. 욕망으로 가득 차서 한 곳으로 달려가던 사람들이 이제는 희생물을 하나 만들어 놓고선 대동단결합니다. 희생양을 통해서 경쟁의 격렬한 에너지가 해소되는 것입니다.

사업에 적용하면 어떻게 될까요? 똑같은 것을 놓고선 경쟁하는 것은 좋은 전략이 될 수 없습니다. 치열한 경쟁 속에서 이윤율은 하락하고 높아진 갈등은 희생양을 만들어 냅니다. 차라리 새로운 것을 창조하는 것이 필요합니다. 새로운 것을 창조하면 경쟁 대신에 독점적 위치에 좀 더 가까이 갈 수 있습니다. 처음에는 좀 작게 시작하더라도 말이지요. 자본주의 체제에서 독점이란 높은 이윤율을 의미합니다.

독점에 대해서는 피터 틸의 책 『제로투원』에 잘 설명되어 있습니다. 책 내내 피터 틸은 작은 시장이라도 독점할 수 있는 아이디어(제품과 서비스 그리고 유통과 세일즈)가 중요하다고 말합니다. 구시대의 기업들의 시장을 잠식하지 않고 새로운 시장을 창조해서 파이를 더 키웁니다. 그렇게 작게 시작하더라도 독점을 하게 되면 인접 사업으로 확장할 수 있게 됩니다. 피터 틸은 이 책에서 두 가지 전형적인 사례들을 소개하고 있습니다. 하나는 온라인 서점으로 시작해서 모든 물품을 취급하게 된 아마존이고 또 다른 하나는 고급 스포츠카 시장을 처음 타겟으로 삼은 전기 자동차 회사 테슬라입니다.

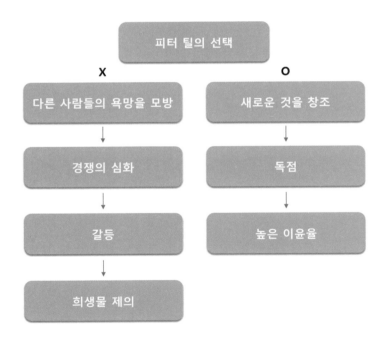

스티브 잡스

스티브 잡스에 대한 두 텍스트를 소개합니다. 첫 번째 텍스트는 스티브 잡스에 대한 현상학적 해석입니다. 두 번째 텍스트는 후기-구조주의로 분류되는 들뢰즈 철학으로 스티브 잡스를 비판적으로 사고하는 방식을 보여줍니다.

▶ 스티브 잡스에 대한 현상학적 해석

스티브 잡스와 인문학 이야기는 지겹도록 들었지만, 잡스가 실제적으로 뭘 어떻게 인문학을 활용했는지에 대해서는 자세하게 알 수 있는 기회가 없었습니다. 그런데 『포스트휴먼이 온다』라는 책에서 이종관 교수님이 아이패드와 하이데거 철학을 연계시켜서 설명한 내용을 보고 이해가 잘 되었습니다.

그 연결고리는 간단하게 요약하면 이렇습니다. 1990년대 초 제록스 연구소의 마크 와이저가 유비쿼터스 컴퓨터에 대한 논문을 발표하였습니다. 이 논문에서 마크 와이저는 유비쿼터스 컴퓨터를 위한 기기를 크기에 따라 '탭', '패드', '보드'로 제시합니다. 여기에서 일단 '패드'라는 단어가 의미심장하게 등장을 합니다.

그러며 마크 와이저의 주장은 무엇이었을까요. 유비쿼터스 컴퓨터는 우리가 흔하게 사용하듯이 '어느 곳에서나 컴퓨터를 할 수 있다'는 의미가 아니라 원래는 '눈에 띄지 않는 컴퓨터'를 의미한다고 합니다. 여기서 '눈에 띈다, 띄지 않는다'의 개념은 시각적으로 눈에서 안 보인다는 뜻이 아니라 완전히 인간과 혼연일체가 되어서 어떤 방해물로서 눈에 띄지 않는다는 의미입니다. 책에서 들고 있는 예시는 연필입니다. 연필을 자꾸 사용하다 보면 '연필'이라는 도구는 눈에서 사라집니다. 그러다가 연필심이 부러지거나 하면 그 때서야 연필이 눈에 들어옵니다. 그런 의미입니다.

이런 내용은 사실 하이데거 철학에서 사용하는 개념입니다. 사물은 사물 자체로 있는 것이 아니라 인간은 이미 도구로서 사물을 봅니다. 스마트폰은 카카오톡을 하고 게임을 하고 인터넷을 하는 도구로서 봅니다. 그냥 둥그런 모양의 기기로 인식하는 것이 아닙니다. 그리고 계속 사용하다 보면 우리와 혼연일체가 되어서 낯선 기기로서의 모습은 사라집니다. 이런 것들이 익숙함에서 오는 것일 수도 있지만 제품의 디자인 자체에서부터 올 수도 있습니다. 예컨대 아이패드의 경우 마우스, 키보드를 없애고 침대에서 뒹굴뒹굴하면서 만지작거릴 수 있는, 완전히 사람에게 밀착될 수 있는 기기로 설계가 되었습니다.

하여간 하이데거 철학을 공부한 마크 와이저가 제록스 연구소에서 하이데거 철학에 기반한 유비쿼터스 컴퓨터의 개념을 제시하였고 이 개념이 애플로 흘러들어가서 아이패드 개발의 밑거름이 되어주었습니다. 제품 개발 과정이 오픈된 것은 아니기에 추정의 영역이

긴 하지만, 애플에서 하는 말들에서 마크 와이저의 그림자가 짙게 배어 있는 것은 사실인 것 같습니다.

여기에 당신이 믿는 것이 있습니다: 기술만으로는 충분치 않습니다. 빠르고, 얇고, 가볍고, 이 모든 것은 좋은 것입니다. 그러나 이러한 기술이 뒤로 물러서 있을 때 모든 것은 더 기쁘고 마법적이기까지 합니다.

- 애플의 아이패드 TV광고[49]

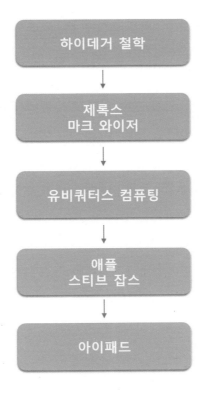

▶ 스티브 잡스에 대한 들뢰즈적인 해석

『혁명의 거리에서 들뢰즈를 읽자』(김재인 저)에는 스티브 잡스가 아이폰이라는 혁신적인 제품을 만들어 냈지만 그것을 이윤추구의 범위 안에 묶어 버리고 보수화된 것에 대해서 비판하는 내용이 나옵니다.

스티브 잡스가 아이폰을 통해 구축한 생태계는 기존의 휴대폰 질서에 사로잡힌 사람들에게 혁신적인 서비스를 제공하였지만, 사람들이 그 생태계에서 벗어나지 못하게 함으로써 사람들을 다시 가둬 두었습니다. 그리고 이는 수익성으로 직결되지요.

이것을 해석하기 위해서 들뢰즈의 철학을 참고할 수 있습니다. 들뢰즈는 영토화, 탈영토화, 재영토화 등의 개념을 제시하였습니다. 영토화라는 것은 기존의 질서, 체계에 사로잡혀 있는, 구획지어진 상태를 의미합니다. 여기에서 정해진 틀을 타파하고 사선으로 탈주하는 사람들이 생겨납니다. 기존의 질서, 체계, 억압으로부터 벗어나는 것, 이것을 탈영토화라고 합니다. 그러나 이러한 탈주를 다시 억압하고 가둬 두는 힘이 작용할 수 있습니다. 이 힘은 탈주하는 사람들을 다시 영토 안으로 사로잡으려고 합니다. 이를 재영토화라고 합니다. 결국 사람들의 탈주를 다시 체계 안으로 흡수하고 강제성을 부여함으로써 다시 재영토화시키는 것이지요.

이윤이 되지 않는 혁신은 아이폰에 존재하지 않습니다. 다른 여지가 전혀 없습니다. 따라서 스티브 잡스의 혁신은 애플의 세계에 사람들을 다시 가두는 방식으로 진행됩니다. (중략) 자본의 운동 속에서 자본주의를 세계 균열 낼 수도 있는 잠재력이 있는 어떤 사태(사물)가 등장할 수 있습니다. '재영토화'는 자본이 그것을 다시 이윤 추구의 수단으로 삼는 것입니다. 어쩌면 재영토화를 사전에 전제로 놓고 혁신하는 것이라고 할 수 있습니다.   - 김재인 교수[50]

스티브 잡스의 아이폰이야 흘러간 혁신이라고 해도 위의 내용은 다가오는 블록체인 생태계에도 적용해 볼만한 내용이 아닐까 싶습니다. 미래 블록체인 서비스에 관한 예측에는 수평적인 네트워크, 권력을 분산한다는 유토피아적인 내용이 가득합니다. 하지만 자본주의 시스템 내에서 구현되는 블록체인 서비스라면 그 체제 내에 잠재된 본성상 이윤 추구의 범위 안에 다시 묶여 버릴 수도 있을 것 같습니다. 글로벌 IT기업들이 각자가 블록체인 서비스에 공을 들인다고 하면 그 원동력이 무엇일까요. 거기에서 이윤추구의 가능성을 보는 것이겠지요.

이 부분은 주제가 아니기 때문에 이 정도로 하고요, 다만 철학을 통해 비판적으로 사유한다는 것은 이런 방식이라는 것을 참고하시면 될 것 같습니다.

요약

앙드레 코스톨라니는 정량적이고 실증적이라기보다는 역사적이고 주관적이고 예술적인 투자방식의 전형을 보여줍니다. 특히 초현실주의에 대한 감각을 획득하라고 말합니다.

짐 로저스는 투자 역사에 대한 공부를 중요시합니다. 한편으로는 책상에 앉아 공부를 하는 것보다 현장에 가서 직접 체험하고 연구하는 것을 더 높이 쳐 주기도 합니다.

피터 틸은 신화, 문학, 성서를 넘나드는 르네 지라르의 철학으로부터 사업과 투자에 대한 많은 아이디어를 얻었습니다. 특히 모방이 경쟁을 만들어 내기 때문에 독창적인 아이디어로 독점시장을 개척할 것을 권고합니다.

마지막으로 스티브 잡스는 인간과 혼연일체가 될 수 있는 IT기기 아이패드를 개발하면서 하이데거의 현상학을 차용한 것으로 보입니다. 한편 스티브 잡스는 아이폰을 통해 사람들에게 새로운 가치를 제공하였지만 사람들을 그 생태계에서 벗어나지 못하도록 하는 방식으로 이윤을 추구하였다는 평가를 받기도 합니다.

3

조지 소로스/래리 핑크
/손정의/폴 그레이엄

단순히 세상과 시장을 분석하고 해석하는 데 그치지 않고 세상과 시장에 영향을 주어서 변화를 준다는 관점에서 투자자들을 선정해보았습니다. 우선 조지 소로스를 살펴보도록 하겠습니다.

조지 소로스

▶ 조지 소로스에 대한 포스트모던적 해석

조지 소로스는 불변의 '실체'를 가정하지 않고 대신 '관계성'으로 대체한다는 점에서 철학자 노자와 매우 비슷한 모습을 보여줍니다. 조지 소로스가 직접적으로 노자를 언급한 적은 없습니다. 그러나 관계성을 추구하고 있다는 점에서 둘은 닮아 있습니다. 그리고 관계성의 철학을 추구하는 포스트모더니즘을 통해서 간접적으로 연결됩니다.

먼저 다음은 노자철학을 강의하시는 최진석 교수님의 칼럼 내용 중 일부입니다.

근대가 실체관이라면 현대는 관계론이다. 양자 물리학이나 포스트모더니즘을 떠올리면 쉽게 이해할 수 있다. 물론 데카르트도 관계를 얘기한다. 하지만 데카르트와 같이 실체론자들이 말하는 관계는 실체들끼리의 관계다. 이와 달리 동양에서 말하는 관계, 특히 노자나 장자 혹은 주역에서 말하는 관계는 존재하는 것 자체가 관계성으로 돼 있다는 말이다. 노자는 이 세계에 존재하는 모든 것은 대립되는 두 계열의 관계로 돼 있다고 본다. 어떤 것도 '무'와 '유'를 동시에 함축한다. 무와 유의 관계가 이 세계인 것이다.　　　- 최진석 교수[51]

　　조지 소로스의 재귀성 이론을 보면 관계성 개념이 지배적입니다. 재귀성 이론은 쉽게 이야기해서 시장 참여자가 시장과 서로 영향을 주고 받는다고 주장하는 이론입니다. 즉 주식시장이 인간들과 관계없이 객관적으로 스스로의 원리에 의해서만 작동하는 것이 아니라 인간들이 시장에 참여해서 가격에 영향을 미치고 다시 그 가격이 인간 행동에 영향을 미치는 상호작용이 있다는 것이지요.
　　이해를 돕기 위한 사례를 하나 말씀 드리겠습니다. 다음은 책『성공의 공식 포뮬러』[52]에서 소개된 사례입니다. 먼저 아래 그림을 보시지요. 아래 그림은 렘브란트의 작품으로 알려져서 인기를 끌었던 그림입니다.

그런데 알고 보았더니 이 그림은 네덜란드 무명작가의 그림이었다고 하지요. 렘브란트의 작품인줄 알고 몰려들었던 사람들은 사라지고 더 이상 이 그림은 인기를 끌지 못하게 되었습니다.

황금투구를 쓴 사나이

만약 저 그림이 어떤 회사의 주식이었다고 생각해 보지요. 사람들이 몰려드는 모습은 주식을 사기 위해서 매수자들이 모이는 모습과도 같아 보입니다. 렘브란트라는 이름값 때문에 그림의 가치가 고평가됩니다. 실제 그림만의 가치라는 것은 없습니다. 그저 사람들이 어떻게 생각하느냐가 중요한 것이지요. 다시 말하면 이 그림과 주식이 거래되는 가격은 사람들의 인식에 의해서 결정이 되었습니다. 그러다가 그림이 사실은 렘브란트의 작품이 아니라는 것이 알려졌을 때 작품은 후광을 잃었습니다. 마찬가지로 주가도 곤두박질 치는 것이지요. 가치를 보고선 사람들의 인식이 바뀔 수도 있지만 반대로 사람들의 인식이 그것의 가치를 만들어 내기도 합니다. 저는 이 사례가 재귀성을 이해하는 데 도움이 되는 전형적인 사례라고 생각합니다.

이렇듯 관계성을 중요시하는 재귀성 이론임을 감안한다면, 조지 소로스는 아마도 어떤 본질과 실체를 가정하는 모더니티에 대해서는 비판적일 것이고 비실체론적이라고 할 수 있는 양자역학에 대해서는 매우 호의적일 것이라고 추측할 수 있습니다. 그리고 『금융시장의 새로운 패러다임』에서는 조지 소로스가 아예 계몽주의(근대성)의 오류를 지적하는 모습을 찾아볼 수 있지요.

계몽주의는 재귀성을 인식하는 데 실패했다. 계몽주의는 조작적 기능이 인지적 기능에 간섭할 수 없는 가상의 세계를 설정했다. 이는 조작적 기능을 전혀 이해하지 못한 것이다.　　　　　　　　　　　　　- 조지 소로스[53]

조지 소로스는 양자역학에 대해서도 언급합니다. 재귀성 이론과 양자역학은 한 가지 점만 제외하고 매우 유사하다고 봅니다.

양자물리학에서 다루는 현실에는 생각하는 참여자가 존재하지 않는다. 하이젠베르크가 불확정성 원리를 발견했지만 이로 인해 양자 소자와 파동의 움직임이 달라진 것은 전혀 없다. 하지만 재귀성에 대한 인식은 인간의 행동을 바꾸어 놓을지도 모른다.　　　　　　　　　　　　　- 조지 소로스[54]

　결론적으로 재귀성 이론을 주장하는 조지 소로스는 포스트모더니즘의 관계성을 중요시하는 사고를 함으로써 노자와 연결된다고 볼 수 있겠습니다. 전자에 말한 열심히 계산하는 워런 버핏이 모더니티의 합리성을 추구함으로써 공자와 연결되는 것과 대비하여 볼 수 있겠습니다.

▶ 조지 소로스에 대한 현상학적 해석

　저는 전작인『철학의 검으로 투자의 세계를 베다』에서 조지 소로스의 영란은행 공격에 대해서 설명하였습니다. 그리고 조지 소로스가 시장에 영향을 미치려고 노력한다는 점에서 비판이론/후기-구조주의의 세 번째 철학으로 분류하여 설명하였습니다. 그런데 같은 사안을 놓고서도 현상학/해석학 계열로 설명할 수도 있습니다. 역시 투자자는 여러 다양한 면모를 갖추고 있는 것이지요. 이에 대해서 책『센스메이킹』챕터 4를 참조하여 설명해 보겠습니다.
　먼저 문제의 발단인 ERM 제도를 보시겠습니다. ERM(European Exchange Rate Mechanism, 환율조정메커니즘)은 유럽에서 단일 통화 체제를 확립하기 이전에 유럽 각 국가들의 환율을 안정적으로 유지하기 위해서 시행한 제도입니다. 예를 들면 독일 마르크화에 영국 파운드화의 움직임을 ±6% 범위 내로 고정시켜 놓는 것이지요.

이러한 ERM 제도가 시행되는 가운데 통일독일에서 인플레이션 발생을 방지하고자 금리인상을 여러 차례 단행하였습니다. 독일이 금리를 인상하면 고금리를 따라서 영국에서는 자금이 빠져나가게 되고 환율도 변동하게 됩니다. ERM 제도를 유지하기 위해서는 영국도 뭔가 조치를 취해야 합니다. 일단 독일처럼 금리를 올리는 방법을 생각해 볼 수 있습니다. 그러나 몇 차례 금리 인상을 하면서 버틸 수야 있겠지만, 영국은 고금리에 버틸 만한 튼튼한 경제상황이 아니었고 금리를 마냥 올릴 수는 없었습니다. 이제 영국에게 남은 선택은 외환시장에 직접 개입해서 파운드화 폭락을 막는 것입니다. 관건은 영란은행의 외환보유고가 충분한지가 되겠지요. 실제로 영란은행에게는 파운드화 폭락을 막을 수 있는 충분한 힘이 없었습니다.

그리고 이런 사정들을 모두 파악한 조지 소로스의 파운드화 공격이 시작됩니다. 그리고 결론은 조지 소로스의 승리로 막을 내리고 영국은 ERM제도에서 탈퇴하게 됩니다. 여기에서 방법론적으로 주목할 것은 두 가지입니다. 책『센스메이킹』에 나오는 다음 구절을 한번 보시겠습니다.

그들은 **독일이 겪은 경험**과 그 경험이 2차 세계대전 이후 통화정책에 어떻게 반영되었는지 잘 '알았다.' 또한 **런던의 거리 분위기**와 영국 국민이 금리 상승

으로 압박감을 느낀다는 사실도 잘 '알았다.'[55)

첫 번째 소로스와 그의 팀은 독일의 상황을 파악하기 위해서 '역사적인 경험'을 동원하였다는 것입니다. 독일에게는 하이퍼인플레이션의 발생이 나치와 히틀러의 탄생으로 이어지고 2차세계대전을 치른 뼈아픈 경험이 있습니다. 이것은 독일에게는 트라우마입니다. 시간이 흘러 1990년 서독과 동독이 통일한 이후 동독에 투자된 자금이 많았고 이는 인플레이션에 대한 염려를 다시 불러 일으키게 됩니다. 독일은 인플레이션을 방어하기 위해 금리를 올리지 않을 수 없었던 것이지요. 이런 역사적 배경을 알고 실제 독일의 정책 담당자들이 그런 역사적 배경에 사로잡혀 있다는 것을 알면 독일이 인플레이션 발생을 방지하기 위해서 금리를 쉽사리 내리지 않을 것이라는 것을 예측할 수 있었을 것입니다.

두 번째 소로스와 그의 팀은 영국의 상황을 파악하기 위해서 '현장 연구의 방법'을 사용하였습니다. 독일이 금리를 올리면 영국도 금리를 올리는 선택을 가장 먼저 생각할 수 있습니다. 그러나 고금리 상황에서 시민들의 고통은 가중될 수가 있는 것이지요. 조지 소로스의 동료들은 런던에 가서 실제로 시민들이 어떠한 기분에 사로잡혀 있는지를 확인한 후에 영국이 더 이상 금리를 올릴 수 없음을 간파하였습니다. 실제 영국의 국민들이 고금리로 인한 경기침체 속에서 어떤 기분에 사로잡혀 있는지를 확인했다면 그 국민들이 정치인들과 정부에게 어떤 선택을 강요하게 될지 알 수 있는 것이지요.

래리 핑크

조지 소로스의 투자이론에서는 주가와 인간이 서로 영향을 미친다는 관계성, 혹은 재귀성의 개념이 중요한 역할을 합니다. 그런데 주식시장에 국한되지 않고 이 사회로 눈을 돌려 좀 더 영향력 있는 투자를 하려는 새로운 흐름이 있습니다. 바로 임팩트 투자입니다.

임팩트 투자는 사회적인 문제들을 해결하면서도 수익도 같이 거두려는 투자를 말합니다. 주로 주택, 금융, 교육, 의료, 환경, 일자리 등의 문제들을 해결하려고 하지요. 예를 들어 빌게이츠는 아프리카에서 설사병으로 죽어가는 사람들이 아직도 많다는 것을 알게 된 후 이를 해결할 수 있는 기업들을 발굴하고 투자합니다. 그와 그의 재단이 투자한 기업 중 하나는 오물을 처리하고 여기에서 깨끗한 물을 증류하여서 환경도 개선하면서 사람들에게 식수도 제공하는 것을 목표로 하는 사업을 하고 있습니다.

이러한 임팩트 투자는 기존의 ESG, SRI 개념과 맥락을 같이 하고 있습니다. ESG는 기업의 지속가능성에 영향을 미치는 환경(Environment), 사회(Social), 지배구조(Governance) 등의 비재무적 요소를 뜻합니다. ESG 점수가 높은 기업은 단순히 사회적 가치에 부합되는 데 국한되는 것이 아니라 장기적인 수익성을 달성할 수 있습니다. SRI(Social Responsible Investing)는 사회책임투자를 뜻합니다. SRI는 투자대상기업을 선정하는 데 있어서 윤리적으로 문제가 되는 기업은 투자대상에서 제외시키고 사회적 책임을 다하는 기업을 투자대상으로 삼습니다.

이러한 투자들의 본질을 한번 생각해 볼까요? 기존의 일반적인 투자자들이 수익을 거두기 위해서 안간힘을 쓰고 있는데, 여기에다가 사회적 문제를 해결한다는 조건을 하나 더 붙이는 것이니 '이게 가능한 것인가'라는 생각이 얼핏 들 수도 있습니다. 즉 확률적으로 좋은 수익을 내는 투자대상이 많지가 않은데 사회적 가치를 추가하여 투자대상의 범위를 더 좁혀 버리니 그만큼 수익 내기가 어려운 것이 아닐까요. 그런데 임팩트 투자의 관점에서는 이 또한 문제 없습니다. 시장수익률보다 조금 수익률이 낮더라도 사회적으로 얼마나 영향을 주는지가 더 중요할 수 있습니다. 따라서 임팩트 투자자들 중의 일부는 사회적 가치를 달성할 수 있다면 얼마간의 수익률 손실은 감수하기도 합니다.

참고로 GIIN의 보고서[56]에 따르면 시장수익률을 좇는 임팩트 투자자는 전체의 66%를 차지합니다. 시장수익률을 약간 하회하는 정도의 수익률을 추구하는 임팩트 투자자는 19%, 시장수익률을 하회하더라도 자본규모를 유지할 수 있는 정도의 수익률을 추구하는 임팩트 투자자는 15%를 차지합니다.

또한 시장수익률을 좇는 임팩트 투자자는 주식(Private Equity) 투자에서 선진국에서 16.9%, 신흥국에서 역시 16.9의 수익률을 거두었습니다. 채권(Private Debt) 투자에서는 선진국에서 7.0%, 신흥국에서 8.0%의 수익률을 거두었습니다. 시장수익률을 하회하는 수익률을 감내할 수 있는 임팩트 투자자는 주식 투자에서 선진국에서 6.9%, 신흥국에서 10.6%의 수익률을 거두었습니다. 채권 투자에서는 선진국에서 4.4%, 신흥국에서 7.0%의 수익률을 거두었습니다.

임팩트 투자에 대해서는 이런 생각도 가능합니다. 이제는 사회적 가치에 대한 고려 없이 기업이 수익을 내고 장기적으로 생존하는 것이 어려운 시대가 되었습니다. 사회적 가치, 공동선에 대한 요구사항이 증대되었고 이를 상시적으로 감시하고 소통할 수 있는 연결성도 강화되었습니다. 따라서 임팩트 투자는 투자의 범위를 좁히는 것이 아니라 장기적으로 생존할 수 있는 기업의 조건을 본질적으로 성찰한 것이라고도 볼 수 있겠습니다. 간단히 말해서 이제는 사회적 가치를 고려하지 않으면 기업 생존이 어려워졌다, 뭐 이런 관점입니다.

이와 관련하여 블랙록 회장 래리 핑크의 이야기를 한번 살펴볼까 합니다. 블랙록은 글로벌 자산운용사로 약 7조 달러의 자산을 운용하고 있습니다. 래리 핑크는 1988년 블랙록을 창업하고 세계 최대 규모의 자산운용사로 키운 사람입니다. 참고로 그는 UCLA에서 정치학을 전공하였습니다.

래리 핑크는 투자 대상 회사들에게 연례서한을 보내는데 최근 보낸 서한들이 아주 의미심장합니다. 그 서한들의 주요 내용을 요약해 봅니다.

2018년에 보낸 서한[57]에서 래리 핑크는 기업들이 어려운 환경 속에서 작동할 수 있는 네비게이션이 필요하다고 이야기하였습니다. 그것은 바로 기업의 목적입니다. 목적은 단순히 캠페인 구호가 아니라 기업생존의 본질적 이유입니다. 이러한 목적은 반드시 사회적 가치를 지향해야 합니다. 제대로 된 목적 설정은 기업의 문화를 만들고 윤리성을 촉진하고 일관된 의사결정을 가능하게 하고 결국 투자자들에게 장기적인 수익을 제공해 줄 수 있습니다. 이러한 목적 설정이 없다면 단기적 수익 구현을 위해 장기적인 가치를 포기하게 될 것입니다.

2019년에 보낸 서한[58]에서 그는 기업들의 환경이 점차 변하고 있다고 말합니다. 소비자들과 이해관계자들은 기업들에게 민감한 정치적, 사회적 이슈에 관여할 것을 요청하고 있습니다. 예를 들어 고령화 사회에서 기업에서 은퇴하는 사람들이 준비가 되어 있지 않다는 것은 엄청난 불안 요소입니다. 사회적으로 분노 에너지가 증가하고 되고 기업에서는 생산성이 떨어지게 되지요. 그래서 기업은 이제 근로자들의 은퇴준비를 도와야 합니다. 이를 통해 안정적인 노동력을 확보할 수 있는 것이지요. 이렇게 변화하는 상황에 대처하는 기업들은 장기적으로 보상을 받을 수 있습니다.

2020년 초 보낸 서한[59]에서 그는 '지속가능한 경영'을 주문합니다. 이는 투자환경이 바뀌고 있기 때문입니다. 점차로 지속가능한 경영에 대해 신경 쓰는 사람들이 많아졌습니다. 특히 젊은 세대들의 요구가 강하지요. 이들이 다음 시대의 주역으로 활약하게 되면 더욱 이러한 요구가 강해질 것입니다. 투자자를 비롯한 이해관계자들은 이제 기업들에게 '지속 가능성'에 대한 질문을 계속 던질 것입니다. 기업들은 이런 질문들에 대해서 투명하게 답할 수 있어야 하고 또 그래야 자본을 유치할 수 있습니다. 지속 가능성을 고려하지 않는 기업들은 단기적인 수익은 거둘 수 있을지 모르나 장기적으로는 손해를 볼 것이고 이것은 주주가치를 훼손하게 됩니다. 그리고 그러한 기업들은 더 높은 자본비용을 감당해야 하겠지요. 다가오는 미래에 자본은 지속가능성을 중심으로 재배치될 것입니다.

이 3년 동안의 서한을 정리하면 다음과 같습니다. 변화하는 상황속에서 기업은 목적을 제대로 설정하여야 합니다. 이를 통해 생존을 위한 기업문화를 만들고 전략을 세울 수 있을 것입니다. 이러한 목적, 문화, 전략 등은 결국 지속가능한 경영을 지향하고 있습니다. 초

연결화된 사회, 그리고 불만과 분노가 증대된 사회에서 기업은 소비자들, 투자자들이 던지는 질문 '너희 기업은 지속가능한 경영을 하고 있느냐'에 민감하게 반응하여야 합니다. 이것이 기업의 장기적인 생존 여부를 결정짓습니다.

예를 들면 '기후변화'에 대해서 한번 생각해 보겠습니다. 인류가 최근 일으키고 있는 기후변화 혹은 기후재앙과 관련하여 '인류세'라는 용어가 있습니다. 이는 홍적세, 충적세 등 자연적으로 발생한 지질시대의 구분을 있는 개념입니다. 인간이 자연환경을 파괴하면서 새로운 기후 변화를 만들어내고 있으며, 이에 따른 새로운 지질시대가 도래했다는 의미를 갖고 있습니다. 바야흐로 전 인류에게 영향을 미칠 변화가 도래하였고 인류는 이제 새로운 환경에서 생존방법을 강구해야 하는 상황에 놓여져 있습니다. 그런데 이러한 기후변화 문제를 해결하고 생존하려는 노력은 이제 학자들이나 환경단체들만의 몫이 아닙니다.

관련하여 계속해서 2020년 래리 핑크가 보낸 서한을 살펴 보겠습니다. 래리 핑크가 보기에 1970년대의 오일쇼크, 1997년 아시아 통화 위기, 닷컴 버블, 글로벌 금융위기 등의 커다란 사건들조차 기후문제에 비교한다면 단기적인 문제들에 지나지 않습니다. 기후는 장기적으로 영향을 미치는 거대한 문제입니다. 한번 볼까요. 기후는 변화하는데 각 국가, 도시들의 인프라는 아직 과거의 기후환경에서 설계되어 유지 보수되어 온 것들입니다. 지구온난화가 지금처럼 계속해서 진행된다면 더위 때문에 신흥국들의 생산성이 떨어질 수 있 겠습니다. 또한 가뭄, 홍수 등이 빈번하게 발생하여 식량의 가격이 오를 수도 있습니다. 이러한 물가상승이 나타나면 이자율에도 영향 을 주겠지요. 결국 기후변화는 기업들에게 장기적으로 영향을 미칠 것입니다. 기업들이 제공하는 상품과 서비스의 가격, 비용, 수요 등 에 중대한 영향을 미칠 것입니다. 따라서 기업들은 이와 관련된 리 스크를 측정하고 대처해야 합니다. 그리고 투자자들에게도 이 정보 를 공유해야겠지요.

이처럼 지속가능성이 투자수익에 미치는 영향이 증대되었으므로 이를 잘 관리하면 리스크는 낮추고 더 나은 수익을 제공할 수 있습니 다. 따라서 래리 핑크는 투자 대상 기업을 선정하고 기업들의 리스 크를 평가하는 데 있어서 지속가능성을 중요한 요소로서 반영시킬 것이라고 합니다. 지속가능성을 평가하여 높은 리스크가 잠재되어 있는 기업은 투자대상에서 제외하는 것이지요. 반대로 지속가능성 에 영향을 미치는 요소들을 잘 관리하고 투자자, 소비자들과 함께 정 보를 잘 공유하는 기업들은 투자대상이 될 수 있을 것입니다.

사실 임팩트 투자와 관련해서는 많은 투자자들이 활약을 하고 있 습니다. 이러한 투자자들을 살펴보는 것도 의미가 있을 것입니다. 그런데 세계 최대 규모의 자산운용사가 이러한 흐름에 동참한다는 것이 어떤 근본적인 변화를 예지하고 있는 것이 아닐까 싶어서 래리 핑크의 서한들을 자세하게 살펴보았습니다. 물론 블랙록 같은 회사들이 실제 투자에서 얼마나 이러한 관점을 지켜내고 실제 투자를 연계할지는 지켜봐야 한다는 신중론도 있으니 참고하시기 바랍니다.

손정의와 폴 그레이엄을 말하기에 앞서

미래는 예측할 수 있는 것일까요? 이 질문은 투자와 사업의 세계에 있어서 매우 중요합니다. 세계관, 미래에 대한 태도, 인간의 능력에 대한 생각 바로 이런 것들이 구체적인 사업전략, 방법론에 영향을 미칠 수 있기 때문입니다.

예를 들어 실리콘 밸리에서 스타트업 방법론을 놓고선 논쟁이 있었습니다. 한 쪽 진영에서는 누구도 미래에 성공할 사업 아이디어를 현재 시점에서 확신할 수 없다고 보고 최소요건제품(MVP, Minimum Viable Product)을 만들어 시장에서 빠르게 테스트해 보는 방법을 주장하였습니다. 또 다른 진영에서는 사업이라는 것은 그렇게 두루뭉실하고 막연하게 하면 비용만 축날 뿐이니 명확한 장기적 계획을 세우고 정확하게 사업을 시작하라고 권고하였습니다.

결국 '미래를 예측할 수 있는가?'라는 질문은 현재의 전략, 방법론에 영향을 미친다는 점에서 중요합니다. 그렇다면 과연 미래를 향해 끊임 없이 나아가고 있는 이 세계의 움직임은 어떠한 법칙이나 경향성을 품고 있어서 예상가능한 것일까요? 아니면 전혀 예상할 수 없는 예측 불가의 것일까요?

또한 인간은 이 세계에 내재된 법칙을 알아볼 수 있을까요? 그리고 이를 바탕으로 미래예측이 가능할까요? 아니면 그러한 법칙이 존재하지 않거니와 그런 법칙을 알아볼 수 있는 능력 자체도 없는 것일까요?

이에 대한 해답은 크게 두 가지 정도가 가능할 것 같습니다. 이 세계에는 필연적인 법칙이 존재하므로 우리는 그 법칙을 발견해야 하며, 그 법칙을 바탕으로 미래를 예측한다는 생각이 첫 번째입니다. 두 번째로는 이 세상에 법칙 같은 것은 없으며 내재적으로 생성변화하는 개별자들만이 존재할 뿐이며 우리는 그들의 잠재성에 포커스를 맞춰야 한다는 생각이 두 번째입니다.

이런 맥락 하에서 다음의 손정의와 폴 그레이엄에 대한 설명을 보신다면 이해가 잘 갈 것입니다.

손정의

철학에서 헤겔과 들뢰즈는 대비되는 자리에 존재합니다. 헤겔이 필연성을 이야기한다면 들뢰즈는 우발성을 이야기하지요. 역사가 흘러가는 데 있어서도 우리는 필연성의 관점으로 볼 수 있을까요? 아니면 우발적인 사건들을 준비하는 방식으로 대비할 수 있을까요?

헤겔은 역사의 발전단계에서 어떠한 법칙, 혹은 필연성(세계정신)을 발견할 수 있다고 봅니다. 그러한 법칙을 확인할 수 있다면 미래

예측도 가능하지 않을까요? 그러면 헤겔 철학이 연상되는 손정의의 투자방식을 한번 살펴보겠습니다.

소프트뱅크의 손정의 회장은 미래기술에 투자하는 비전펀드를 2017년에 조성하여 운용하고 있습니다. 이 펀드의 규모는 약 100조 원이며 소프트뱅크(280억 달러), 사우디 국부펀드 PIF(450억 달러), UAE 무바달라개발공사(150억 달러), 애플, 팍스콘, 퀄컴, 샤프 등이 출자하였습니다.

손정의는 비전펀드와 관련하여 '인공지능 관련 회사가 아니면 투자를 하지 않겠다'는 선언도 했습니다. 손정의가 쿠팡 같은 이커머스 회사와 우버, 디디 같은 승차 공유 서비스 회사에 투자하는 이유는 여기에서 방대한 소비자 데이터를 확보할 수 있기 때문입니다. 많은 데이터를 확보하면 머신러닝 등을 활용하여 인공지능 사업으로 연계할 수가 있는 것이지요. 확보된 데이터를 통하여 성능이 개선된 인공지능은 다시 자율주행자동차, 승차공유 서비스, 이커머스에 제대로 된 서비스의 제공이 가능하게 만듭니다.

손정의가 하는 말을 잘 들어 보면 미래가 어떤 방식으로 흘러갈지에 대해서 열심히 연구하면 그 경로를 어느 정도 알 수 있다는 자신감이 깊게 배어 있습니다. 세세한 지표들도 중요하기는 하지만 추상적인 레벨의 아이디어를 더 중요시하는 듯 합니다. 사실 거시적 관점에서 보면 손정의의 주장처럼 미래 산업의 판도를 어느 정도 예측할 수 있을 것 같습니다.

예를 들어 인공지능이 발전하면 생산성은 비약적으로 발전할 것이고 그 혜택은 인공지능 기업과 관련 되어 있는 소수에게 집중될 것입니다. 십중팔구 이런 세상으로 갈 것입니다. 다만 소득을 분배하는 논의, 이를 둘러싼 커다란 싸움이 그 흐름을 제어할 수 있는 갈림길이 될 수도 있을 것이고 혹은 전쟁 때문에 다시 돌망치 드는 시대로 돌아갈 수도 있을 것이고 하여간 그 정도의 변수를 제외하고 역사의 발전경로는 그런 방식으로 흘러갈 것입니다.

미래학자 최윤식 박사님도 미래예측이 가능한 영역이 있다고 이야기를 합니다.

이치를 깨우치면 이미 정해진 미래를 통찰할 수 있다. 미래에는 정해진 미래와 (정해지지 않고) 열린 미래가 있다. 이미 정해진 미래는 거스를 수 없다. 거스르려 노력해서 궤도를 이탈시켜도 결국 정해진 자리로 되돌아간다. 세상사에는 이미 정해진 미래가 더 많다.   - 최윤식 교수[60]

그런데 손정의가 미래를 내다보고 야심 차게 투자를 집행한 사업들이 최근 안 좋은 실적을 보이고 있습니다. 차량공유업체인 우버는 상장 후 저조한 실적 덕분에 주가가 많이 떨어졌으며 사무실 공유업체인 위워크 역시 순손실이 크게 증가하는 바람에 예정된 상장을 연기하였습니다.

손정의 입장에서는 상당히 곤혹스러운 상황이지요. 비전펀드 조성 시 출자자들에게 매년 7%의 수익률을 약속하고 우선주 형태로 받은 돈이 꽤 되기 때문입니다. 즉 매년 배당을 해야 하는 돈이 상당한 것이지요. 이렇게 자금을 유치한 것은 그의 과도한 자신감 때문이 아닌가 싶습니다. 미래를 자신 있게 예측할 수 있다고 믿으면서 베팅하는 것은 양날의 검일 수 있습니다. 맞추면 대박이지만 틀리면 중상을 입는 것입니다.

다만 손정의는 우버, 위워크 등의 기업이 적자를 보고 있지만 10년 후에는 수익을 거둘 것이라고 말합니다. '단기적인 주가는 알 수 없지만 장기적인 추세는 알 수 있다'[61]는 평소 그의 말을 떠올려 봅니다. 그의 말대로 단기가 아니라 장기로 봤을 때 어떤 성과를 보일지 좀 더 지켜봐야 할 것 같습니다.

폴 그레이엄

프랑스 철학자 들뢰즈는 생성 변화하는 개별자들을 존중하고 거기에는 폭력적으로 지배하는 법칙 같은 것은 없다고 주장합니다. 나아가 들뢰즈는 인간 주체의 자유의지를 인정하지 않습니다. 흄의 철학을 끌어와서 인간을 그저 '관념들의 다발'로 봅니다. 또한 니체의 철학을 끌어와서는 인간의 의지를 그저 경쟁하는 여러 의지들 중의 하나가 기어이 뚫고 나온 것으로 볼 뿐입니다.

그런데 이러한 역사를 움직이는 법칙도 없고, 인간 주체의 자유의지도 없는 그저 관념들의 다발, 경쟁하는 의지들만을 이야기하는 들뢰즈의 철학은 미래 투자에 대한 또 다른 중요한 상이 될 수 있습니다. 관련하여 폴 그레이엄에 대해서 한번 살펴보겠습니다.

폴 그레이엄은 에어비앤비, 드롭박스 등에 투자한 액셀러레이터 Y Combinator의 설립자입니다. 그는 코넬대학에서 철학을 전공하였고 하버드대학에서 컴퓨터과학 박사 학위를 받았습니다. 철학공부는 그다지 열심히 한 것 같지 않습니다. 그 또한 철학으로부터 배운 것이 많지 않으며 철학이 오랜 시간 유용하지 않은 지식에 천착해 왔다고 비판한 적이 있습니다.

그는 스타트업을 위해서 에세이를 꾸준하게 쓰는 것으로 유명합니다. 스타트업을 하는 사람치고 그의 글을 읽어 보지 않은 사람이 없을 것입니다. 그런 그가 스타트업을 시작하기 전에 생각해 봐야 할 점들에 대해서 에세이를 남겼습니다. 그중 의미심장한 내용이 나옵니다.

스타트업에 대한 아이디어는 의식적인 노력으로 나오는 것이 아니라, 스타트업을 하겠다는 생각 이전에 무의식 단계에서 나옵니다. 애플, 야후, 구글, 페이스북도 다 이런 식으로 시작했습니다. 처음엔 다 사이드 프로젝트였습니다. 위대한 아이디어는 스타트업을 만들겠다는 의식적인 노력으로는 도출할 수 없는 그런 아웃라이어(또한 무의식적으로, 사이드 잡으로부터)에서 나오는 법입니다.　　　　　　　　　　　　　　　　　- 폴 그레이엄[62]

　스타트업을 시작해서 큰 성과를 거둔 많은 사람들이 우연적인 아이디어에서 시작하였습니다. 그냥 길을 가다가 길가에 핀 꽃에 사로잡힌 것입니다. 아무 계획 없이 그저 마음이 이끄는 대로 꽃에 매혹되어 그 길에 들어섭니다. 들뢰즈적으로 표현한다면 '창업자는 아이템을 우발적으로 만납니다.'

　위대한 기업을 만들겠다는 일념 하에 유망한 산업을 분석하고 그 산업 내에서 성공할 만한 아이템을 발굴해 내는 탑-다운 방식이 아니라, 그저 스스로의 필요나 궁금증에 의해서 시작한 일 혹은 그저 재미로 시작한 일이 점점 커져 사업이 되고 산업을 창출하는 것입니다.

　투자자들도 한번 생각해 볼까요. 어떠한 투자자들은 유망한 산업과 기술을 분석하고 그림을 먼저 그린 후에 이에 해당하는 사업을 추진하고 있는 스타트업들을 찾아 들어가는 탑다운 방식을 선택합니다.

　하지만 또 다른 투자자들은 위대한 기업을 일굴 창업가들을 우연히 만납니다. 그들은 기업가들의 잠재성을 보고 투자합니다. 기존의 권위 따위에는 구속되지 않는 상태에서 역동적으로 움직이는 기업가들을 먼저 발굴해 내면 그들이 가진 에너지로부터 세상으로 개화(開化)하면서 대박 사업을 일구어 내는 것입니다.

정리를 해 보겠습니다. 우연적 아이디어에서 사업을 시작하는 스타트업 창업자들이 있습니다. 그리고 역시 우연히 그러한 창업자들을 만난 투자자들이 있습니다. 이러한 창업자와 투자자들은 법칙이나 기존 패러다임에 구애받지 않습니다. 유연합니다. 그렇기 때문에 새로운 사업을 창출할 수 있는 것입니다.

조지 소로스는 잘 알려져 있는 바와 같이 시장과 시장참여자들이 서로 영향을 주고 받는다는 사실을 잘 알고 투자에 임합니다. 그는 조작적 기능의 개념을 너무도 잘 알고 있습니다. 한편 그는 현상학적인 관점에서 해석할 수도 있습니다. 바로 독일의 역사적 경험과 영국의 길거리 분위기를 투자에 사용했다는 점에서 그렇습니다.

래리 핑크는 이제 기업들이 장기적인 생존을 고민해야 한다고 권고합니다. 이를 위해서 사회적인 가치를 기업의 목적에 추가해야 합니다. 이제 사회적 가치에 부합되지 않는 사업을 하는 기업은 투자 대상에서 제외될 수 있습니다. 즉 수익적 가치뿐만 아니라 사회적 가치가 이제 투자 포트폴리오 구축과 리스크 평가에서 중요한 역할을 하게 되는 것입니다.

손정의는 미래 예측에 대한 자신감을 바탕으로 적극적으로 기술투자에 임하고 있습니다. 그의 자신감은 역사의 필연성을 인식하였던 헤겔 철학을 연상시킵니다.

폴 그레이엄은 많은 성공한 창업가들이 우발적으로 사업 아이디어를 만났다고 주장하며 거시적인 분석보다는 창업가들의 잠재성에 주목하는 바텀-업의 투자 방식을 보여 줍니다. 그런 의미에서 우발성과 잠재성의 철학을 주장한 들뢰즈를 연상시킵니다.

5장

영화로
복습하기

제로베팅게임

지금까지 이야기해 온 내용들을 한번 되새김질 하기 위해서 몇 개의 영화를 같이 살펴보면 좋을 것 같습니다. 우선 「제로베팅게임」입니다.

'제로베팅게임'은 유명 행동주의 투자자인 칼 아이칸과 빌 애크먼을 주인공으로 하는 다큐멘터리입니다. 투자의 세계에서 분석, 해석을 떠나서 상황을 변화시키려고 하는 행동이 시장에서 어떻게 작동하는지 유감 없이 보여 준다고 할 수 있겠는데요. 한번 살펴보겠습니다.

여기 주주 행동주의자, 혹은 보기에 따라서는 기업사냥꾼이라 할 수 있는 칼 아이칸이 있습니다. 그리고 같은 업종의 후배인 빌 애크먼은 칼 아이칸과 오랜 시간 원한을 쌓아 온 관계입니다. 서로 소송전을 벌이기도 했지요. 그리고 그 악화된 관계의 화룡점정이 허벌라이프 주식을 놓고선 벌어집니다.

먼저 빌 애크먼이 허벌라이프 주식에 공매도를 시도합니다. 얼추 10억 달러가 넘는 돈이 동원된 것으로 보입니다. 빌 애크먼은 허벌라이프의 사업방식이 상층부의 소수만 돈을 벌고 하층부의 사람들의 돈을 뜯어 먹는 '피라미드 사기'라고 주장합니다. 허벌라이프 피라미드 최상층에 존재하는 1%가 수익의 88%를 가져간다는 것이지요. 일례로 회원을 모집하는 대가로 지급하는 수당이 허벌라이프 제품의 전체 소매이익보다 크다고 말합니다.

빌 애크먼의 공매도 이후 주가하락의 모습
출처: CNBC

빌 애크먼이 허벌라이프 주식에 대한 공매도를 시도하자 주가는 곤두박질치기 시작합니다. 이렇게 허벌라이프의 주가가 떨어지면 공매도를 시도한 빌 애크먼은 큰 돈을 벌게 됩니다. 그런데 이때 빌 애크먼과 오래된 원한이 있는 칼 아이칸이 백기사로 등장합니다. 그는 20억 달러의 자금을 동원하여 빌 애크먼과는 반대로 허벌라이프의 주식을 매수하기 시작합니다.

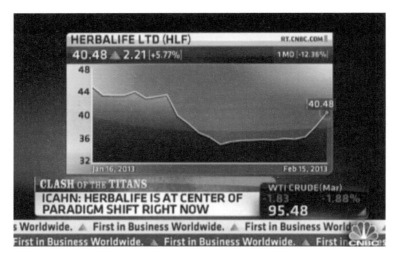

칼 아이칸의 숏 스퀴즈 시도 이후 주가 상승의 모습
출처: CNBC

칼 아이칸은 이른바 공매도 세력을 쥐어짜는 '숏 스퀴즈'를 시도한 것입니다. 그는 마침 빌 애크먼에 대한 개인적인 감정도 있겠다, 빌 애크먼을 공격해서 돈을 벌 수 있다고 생각했습니다. 공매도를 시도한 빌 애크먼은 숏 스퀴즈에 의해서 주가가 상승하면 견디지 못하고 주식을 매수하여 공매도 포지션을 처분할 수밖에 없습니다. 이때 주가는 더 상승하게 되면서 빌 애크먼은 더 큰 압박을 받게 되어 있습니다.

이 싸움은 단번에 끝나지 않고 몇 년 간 계속됩니다. 그 과정에서 빌 애크먼은 허벌라이프 사업에 손을 댔다가 피해를 본 중남미 이주민들을 지원하면서 전국적인 캠페인을 진행합니다. 여론을 자신에게 유리하게 이끌고 가려는 시도이지요.

이에 대응하여 허벌라이프는 회사의 신뢰도 제고를 위해서 유명한 스포츠 스타들을 광고모델로 고용하고 백악관에서 일했던 인사들도 거액을 주고 스카웃 합니다. 그리고 빌 애크먼이 시장을 조작하려고 사람들을 선동하고 있다고 주장합니다. 즉 빌 애크먼이 사람들을 겁줘서 주가를 떨어뜨리려고 한다는 것입니다.

그러나 시장은 칼 아이칸의 손을 들어주고 주가는 상승하기 시작합니다. 중간에 허벌라이프에 대한 조사가 시작되면서 주가가 하락한 적도 있었지만 결론적으로 허벌라이프 사업은 결정적인 타격을 받지 않고 정상적으로 운영이 되게 됩니다. 그리고 빌 애크먼은 백기투항하고 허벌라이프 주식에서 빠져 나갑니다.

큰 실패를 맛본 빌 애크먼은 수년 간 와신상담의 시간을 보냅니다. 펀드금액은 작아지는 상황에서 빌 애크먼은 초심으로 돌아가서 방송매체를 이용하는 것보다는 주식에 대한 기본적인 분석에 집중하는 모습을 보여 줍니다. 그의 말을 곧이곧대로 믿을 수는 없겠지만 그의 변화는 흥미롭게 볼 수 있는 부분이 있습니다.

하여간 빌 애크먼과 칼 아이칸의 싸움을 보면 이것은 펀더멘탈에 대한 분석, 가치평가의 영역이 아니라는 생각이 듭니다. 언론에 얼굴을 자주 비추고 인터뷰를 하고 토론을 하고 프레젠테이션을 하고 캠페인을 하는 모습은 투자자라기보다는 흡사 정치인 같은 모습입니다. 빌 애크먼이 공매도를 시도하면 주가가 하락하고 칼 아이칸이 숏 스퀴즈를 시도하면 주가가 오르는 이러한 변동은 행위자가 시장에 영향을 미치는 전형적인 모습을 보여줍니다. 이것은 조지 소로스가 말한 재귀성 개념의 실사례가 아니겠습니까.

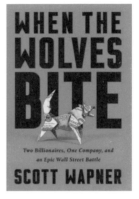

『When the wolves bite』
영문판 표지

한편 영화 외에 이들의 싸움을 설명하고 있는 책은 『When the wolves bite』라는 책이 있습니다. 관심이 생기신 분들은 참고하셔도 좋을 것 같습니다.

참고: 칼 아이칸의 투자 방식

▶ 가치투자자로서의 칼 아이칸

행동주의 투자자로 국내에서도 유명한 칼 아이칸은 철학을 전공하였고 특히 경험주의를 추종하는 것으로 알려졌습니다. 아쉽게도 경험주의를 어떤 방식으로 기업인수에 활용하는지 그 생각의 메커니즘에 대해서는 구체적으로 참고할 수 있는 자료가 많지 않습니다. 칼 아이칸과의 몇몇 인터뷰 자료에서 짧게 소개된 내용은 다음과 같습니다.

경험주의에 따르면 지식은 감정이 아니라 관찰과 경험에 근거하는 것이다. 20세기 철학을 공부하는 것이 기업인수에 필요한 마인드를 훈련하는 데 도움이 된다.   - 칼 아이칸[63]

주관적인 감정을 배제하고 객관적인 관찰과 경험을 중요시하기 때문에 경험주의를 따른다면 그가 가치투자를 지향한다는 것도 의외의 일은 아닐 것입니다. 그리고 가치투자는 기본적으로 역투자의 기회를 매우 좋아합니다. 칼 아이칸은 아무도 어떤 주식을 원하지 않을 때 그것을 사는 것이 자신의 투자 전략이라고 설명한 바 있습니다.

▶ 행동주의자로서의 칼 아이칸

하지만 칼 아이칸이 일반적인 가치투자자가 아닌 행동주의 투자자로 구분하는 이유는 실제로 기업지배구조를 개선해서 주가를 올린다는 실천적인 특성이 지배적으로 작동하고 있기 때문입니다. 예컨대 그는 기업은 부채로 어려움을 겪고 있는데, 경영자들이 엄청난 연봉과 보너스를 가져가는 것이 옳지 못하다고 봅니다. 이러한 기업의 '썩은 뿌리'를 제거하면 기업의 가치는 올라갈 수 있습니다. 그러기 위해서는 상당량의 주식을 매입해서 발언권을 높여야 할 것입니다.

기본적으로 행동주의 투자자들이 득세하게 된 것은 인덱스 펀드가 활성화되면서 기관투자자들이 개별기업들의 경영상황에 대해서 신경을 쓸 여력이 줄어들었기 때문입니다. 관리해야 할 기업이 너무 많아지게 되고, 그래서 개별기업들이 감시 대상이 되지 않은 것이지요. 이 틈새를 행동주의 투자자들이 비집고 들어와서 개별 기업을 상대로 경영을 간섭하기 시작한 것입니다.

하여간 기업의 가치를 계산하고 현저한 저평가를 유발하고 있는 악성요소들을 발견해 내고, 결정적으로는 그러한 악성요소들을 제거해서 기업가치를 정상화 궤도에 올려놓는다는 것이 기본적인 그의 투자전략입니다. 경험주의를 추종하는 그에게 분석력도 중요하겠지만 투자의 방점은 아무래도 '행동력'에 찍혀 있다고 볼 수 있겠습니다.

빅쇼트

영화 「빅쇼트」를 보면 실증주의/합리주의, 현상학/해석학, 비판이론/후기-구조주의로 분류한 철학의 내용들이 몽땅 들어 있는 것을 알 수 있습니다. 이 영화의 내용을 통해서 지금까지 공부한 내용들을 한번 총 복습해 보겠습니다.

▶ 첫 번째 철학을 보여 주는 장면: 논리, 실증

영화의 시작은 이렇습니다. 헤지펀드 매니저 마이클 버리는 미국 주택시장에 거품이 끼었음을 발견합니다. 즉 거품붕괴의 징후들을 발견한 것이지요. 그는 주택담보대출의 연체율 등 실제 데이터를 면밀하게 연구하였습니다. 영화에서는 엑셀로 연체율 데이터를 확인하고 있는 그의 모습을 보여 줍니다.

그는 미국주택담보대출의 대부분이 2007년이 되면 고정금리에서 변동금리로 바뀌는데 변동금리로 바뀌는 순간, 상승된 금리환경 속에서 미국인들이 돈을 제때 갚지 못하고 주택시장이 붕괴할 것을 내다보았습니다. 이것은 논리적인 추론이었습니다. 많은 주택담보대출이 고정금리에서 변동금리로 변경되는 시점은 정해져 있었고, 금리가 이전에 비해서 높아진 상황이라는 것도 정해진 사실이었습니다. 동일한 상황에서 대출금리가 올라가면 연체율이 높아지는 것은 매우 논리적인 추론이지요.

그리고 그는 주택시장에 대한 공매도를 결심합니다. 하지만 주택시장에 대해서 공매도 포지션을 취할 수 있는 수단이 없는 터, 아예 그럼 금융상품을 만들어 줄 것을 투자은행에 요청합니다. 이에 투자은행들은 주택가격이 떨어질 경우 수익을 거둘 수 있는 상품을 만듭니다. 그것이 바로 CDS입니다. 그냥 간단히 이야기해서 우리가 주택에 대해서 드는 화재보험이나 다름 없는 것입니다. 화재보험은 가입자가 매달 보험료를 내지만, 주택이 무너지거나 불타버리거나 하면 보험사에서 고객에게 돈을 줍니다. 그런 원리입니다. 미국 주택시장이 붕괴하면 수익을 거둘 수 있는 일종의 보험 같은 금융상품이 CDS입니다. 근데 여기에서 인상깊은 대사와 장면이 나옵니다.

'미친게 아닙니다. 논리적인 결정이에요.'

그리고는 마이클 버리의 책상 위에 놓여진 책을 보여 줍니다. 책의 제목은 이렇게 쓰여 있네요.

『주식시장 논리』(STOCK MARKET LOGIC)

영화에서 의도한 장면인지는 모르겠지만 논리(logic)라는 단어가
저는 인상 깊게 보입니다.

결론적으로 마이클 버리처럼 실증적으로 데이터를 연구하고 논리
적으로 결정하는 것. 이것은 전형적인 실증주의/합리주의 철학으로
해석할 수 있는 지점입니다.

▶ 두 번째 철학을 보여 주는 장면: 현장연구

헤지펀드 매니저 마크 바움(실제 모델은 스티브 아이스먼)은 미국
주택시장의 붕괴에 베팅하는 금융상품을 우연히 발견합니다. 결국
은 전자의 마이클 버리 덕분에 만들어진 금융상품이지요. 좋은 투자
아이디어를 얻은 마크 바움은 실제 미국주택시장이 붕괴할 만한 징
조를 보이는지 직원들을 현장에 파견합니다. 그리고 직원들은 여러
부동산을 방문하며 부동산 시장의 실상을 살펴봅니다. 일종의 현장
연구를 실시한 것이지요. 현장연구는 두 번째 철학의 대표적인 방법
입니다. 영화 속 장면은 다음과 같습니다.

집주인이 대출이자를 내지 않고 있다는 사실을 모르는 세입자를 발

건합니다. 그리고 여러 빈집에서 연체통지서를 발견하기도 합니다. 빈집이 하도 많아서 해당 지역의 인구는 줄어들고 집은 100채인데 인구는 4명에 불과한 곳도 있습니다. 부동산 중개업자는 소득이 없는 사람한테도 닌자대출을 연계해서 사게 만듭니다. 무분별하게 집이 지어지고 소득 없는 사람들에게도 대출이 이루어지고 있고, 결국 부채가 폭발하게 되고 이를 견디지 못하는 집주인들이 하나둘 떠나면서 빈집들이 증가하게 된 것이지요. 이러한 사정을 현장연구를 통해 확인한 마크 바움도 미국 주택시장 하락베팅에 참여하게 됩니다.

실제 모델인 스티브 아이스먼은 인터뷰에서 부동산 현장 연구를 여러 번 했음을 밝혔다.

실제로 여러 곳을 방문해 부동산 대출이 어떻게 이뤄지는지 조사해 보니 확인할 수 있었다. 저신용자가 대출을 신청하고 승인받는 속도와, 그 대출채권이 자산유동화 회사를 거쳐 새로운 금융상품으로 바뀌어 팔려나가는 속도는 놀라울 정도로 빨랐다. 소득도 직업도 없는 사람이 신청하는 대출은 물론, 강아지 이름을 적어 넣고 신청한 대출도 하루 만에 승인됐으니 부실 정도는 안 봐도 뻔했다.
- 스티브 아이스먼[64]

▶ 세 번째 철학을 보여 주는 장면: 정치적 상황

마이클 버리, 마크 바움이 베팅한 대로 미국 주택시장에서 실제로 대출에 대한 연체율이 상승하기 시작합니다. 그러나 주택담보대출을 기초로 하여 만든 채권에 대한 신용등급이 이상하게 조정되지 않습니다. 신용등급이 조정되어야 채권 가격이 떨어지고 채권 가격 하락에 베팅한 CDS에서 수익을 보는 구조인데 말입니다. 이런 상황에서 신용등급이 조정되지 않자 화가 난 마크 바움 일행은 신용기관 S&P을 찾아가서 추궁합니다. 왜 신용등급을 조정하지 않느냐고 말이죠. 그랬더니 담당자가 이렇게 말합니다. 신용등급을 조정하면 신용등급 평가를 맡긴 은행들이 평가를 무디스 같은 경쟁사에 맡기기 시작할 것이기 때문에 등급을 낮출 수가 없다고 말이죠. 이것은 진짜 펀더멘탈과는 상관 없이 참여자들의 이해관계가 가격에 영향을 미치는 사례입니다.

▶ 다시 두 번째 철학을 보여 주는 장면: 인간은 단지 숫자가 아니다

두 번째 철학인 현상학/해석학 계열에서는 인간을 수량화하고 대상화해서 사고하는 것에 반대합니다. 인간 고유의 실존, 존재의 의미 등을 다룹니다. 영화는 하이라이트로 가면서 이런 장면을 보여 줍니다.

여기 미국 부동산 시장 하락에 베팅한 세 번째 그룹이 있습니다. 그들은 곧 큰 돈을 벌게 되리라는 기쁨에 휩싸여 있습니다. 그러나 그들의 베팅이 맞는다면, 반대로 일반 미국 국민들은 나락으로 떨어진다는 것을 곧 깨닫게 됩니다. 1%의 실업률이 상승하면 통계적으로 4만 명의 사람들이 더 많이 자살을 하게 됩니다. 베팅이 맞았다고 해서 웃을 수 있는 상황이 아닌 것입니다.

유럽의 투자자 앙드레 코스톨라니는 하락장 베팅은 언제부터인가 하지 않게 되었다고 고백을 했습니다. 많은 사람들이 웃을 때 같이 웃고 싶지, 남들이 슬퍼할 때 혼자 웃는 것은 괴롭다는 것입니다. 그런 의미의 장면입니다.

'우리가 옳으면 사람들은 집을 잃고 직장도 잃고 은퇴 자금도 잃어. 연금도 잃는다고. 난 은행권이 사람을 숫자로만 봐서 혐오해.' - 영화 「빅쇼트」의 대사

3

한나 아렌트

헐리우드 영화가 월가 및 거대자본의 이야기를 다루는 데 있어서 한 가지 문제 의식을 깔고 간다고 여겨지는데 그것은 바로 윤리성입니다.

먼저 금융, 투자와 관련된 헐리우드 영화에 등장하는 인물들의 공통점을 한번 생각해 볼까요. 그들은 대부분 상당히 괴짜들이고, 또한 공격적인 성향을 보유하고 있습니다. 영화적 표현으로 인해 좀 과장되어 있는 부분도 있겠지만 실제 구조적인 문제도 있는 듯 합니다.

직업의 안정성 측면에서 정년이 보장되고 월급을 따박따박 받아가는 시스템이 아니며 성과를 보는 만큼 가져가게 되어 있으니 다들 공격적입니다. 그리고 업계에서 공격적인 사람들을 선호하니깐 그런 사람들을 채용하게 된 것이겠지만 사실 공격적이지 않았던 사람들도 일단 그 세계에 발을 들여 놓으면 다들 '공격성'이 성공의 키라는 것을 발견하게 됩니다.

이를 테면 영화「더 울프 오브 월스트리트」의 주인공은 쓰레기 같은 동전 주식을 사람들에게 판매해서 번 돈으로 부를 쌓습니다. 이 영화에서 인상 깊은 장면 중의 하나가 직장에 처음 입사한 주인공과 상사가 식사를 하는 장면입니다. 직장 상사는 이 업계에서 일을 할 때 두 가지가 중요하다고 이야기합니다. 첫 번째는 마음의 안정을 가질 것, 두 번째는 마약을 할 것을 권고합니다. 마약은 청각을 예민하게 만들고 동작을 민첩하게 만들 수 있다고 말하지요. 주인공 또한 마약에 손을 대기 시작하고 영화 내내 마약에 취해서 문제를 일으키게 됩니다.

영화「마진콜」은 2008년 금융위기가 발생하기 직전 한 금융회사의 상황을 묘사하고 있습니다. 등장인물들은 시장이 망가지든 말든 상관없이 손실가능성이 높은 파생상품들을 하루에 몽땅 처분합니다. 곧 쓰레기가 될 상품들을 오랫동안 거래해 온 고객들을 막론하고 매도합니다. 그들은 알고 있습니다. 이제 곧 전체 시장이 망가지리라는 것을요. 하지만 회사는 살아남기 위하여, 그리고 직원들은 보너스를 위하여 멈추지 않고 달려갑니다.

영화「라스트홈」은 2008년 금융위기 이후 미국 부동산 시장이 망가지면서 미국 국민들에게 어떠한 일이 벌어졌는지를 보여 주는 영화입니다. 이 영화의 주인공은 비록 마지막에 윤리성을 되찾기는 하지만 영화 내내 주택담보대출 연체로 집을 저당 잡힌 사람들을 집에서 내쫓고 은행 돈을 불법적으로 타 먹습니다. 그의 상사는 1%만이

방주에 올라탈 수 있다고 말합니다. 목표가 된 집 1개를 위해서라면 타인의 집 99개는 어떻게 되도 좋은 것입니다. 그래서 이 영화의 원제목은 '99 HOMES'입니다.

그러나 이러한 공격적인 성향은 돈을 추구하는 과정에서 법적, 윤리적 테두리를 넘어가는 실수로 연결될 수 있습니다. 즉 성공하기 위해서는 '공격성'이 필요하지만 '공격성'에 함몰되면 '윤리성'을 잃어버리는 실수를 범하기 쉽습니다. 특별히 공격적이지 않은 사람도 속해져 있는 상황에 따라서 그렇게 내달리게 될 수도 있습니다.

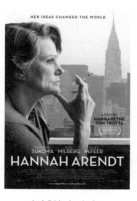

영화 「한나 아렌트」

그리하여 이 모든 영화와 책을 본 다음에 중심을 잡고 생각을 정리하기 위해서 마지막으로 금융과 관련 없는 영화이기는 하지만 영화 「한나 아렌트」의 내용을 살펴보려고 합니다. 요즘 TV 프로그램에서도 많이 다뤄지고 있는 정치철학자이지요.

한나 아렌트는 악의 문제를 깊게 연구한 독일 태생의 유대인 철학자입니다. 그 유명한 하이데거 밑에서 현상학을 공부하였습니다. 하이데거는 나치에 협조함으로써 그 명성에 먹칠을 하였습니다. 스승인 하이데거가 나치에 협력함으로써 이성적 사고의 실패를 보여 줬다면 제자 한나 아렌트는 분별력을 갖춘 사유의 힘을 사용하여 광기에 휘말리지 않는 모습을 보여 줍니다. 그 사유의 저변에는 용기가 깔려 있는 것이구요. 그럼 영화를 한번 살펴보겠습니다.

영화에서는 나치 전범인 아이히만에 대한 재판이 열립니다(1960년). 한나 아렌트는 아이히만의 재판이 진행되면서 뉴요커 지의 특파원으로 파견되었습니다. 그곳에서 한나 아렌트는 아이히만이 악의 화신이 아니라 매우 평범한 사람임을 간파하였습니다. 그의 외모, 그의 말, 행동은 그가 그저 주어진 일을 해내는 사람이었을 뿐이라는 것을 보여줍니다. 단지 문제가 되는 것은 아이히만이 스스로 분별하여 사유함으로써 옳고 그름을 가리지 못했다는 것이지요. 그것이 그의 잘못일 것입니다. 이것이 바로 한나 아렌트가 말하는 '악의 평범성'입니다.

그러나 많은 유대인들이 희생당한 끔찍한 기억이 아직 생생한 1960년대에 이런 주장을 하는 것은 유대인들의 심기를 매우 불편하게 했습니다. '아니, 아이히만이 절대 악이 아니라니!' 하고 말이지요. 특히 한나 아렌트는 나치에게 저항하지 않은 유대인 지도자들에게 아쉬움을 표하기도 하였습니다. 유대인들은 자기들과 다른 주장을 하고 때로는 유대인 사회에도 비판적인 시선을 들이대는 한나 아렌트가 매우 거슬리는 존재였습니다. 이스라엘에서도 전체주의의 광기가 발동하고 있는 것이지요.

이런 그녀에게 유대인들은 '너는 유대인을 사랑하지 않느냐'고 힐난하지요. 그러나 영화 속 한나 아렌트는 아버지와 같은 인물 쿠르트만과의 관계가 깨어지고 그녀의 동료들이 모두 등을 돌리는 아픔을 겪으면서도 아이히만의 악을 이해하려는 노력을 포기하지 않습니다. 아이히만의 악은 '악의 평범성'을 보여줄 뿐, 그를 미워하는 것과 그를 이해하려는 것은 분별할 수 있습니다. 한나 아렌트가 주장하는 것은 분별력을 갖춘 지혜. 이 지혜를 사용할 수 있어야지 다시는 전체주의의 광기에 휘말리지 않을 수 있습니다. 그리고 그 지혜를 주장하기 위해서 그녀는 괴롭고 힘들지만 용기를 냅니다. 그녀의 사유는 용기에 기반합니다. 인간은 전체성의 광기 속에서 사유를 멈추고 타협하는 모습도 보여주지만, 때로는 한나 아렌트와 같은 용기를 내는 인간들이 그 전체성의 폭력을 고발합니다.

수많은 적대자들이 이런 그녀를 냉정하고 감정 없는 사유기계로 오해하는 것은 아이러니합니다. 감정에 휩싸이지 않기 위해서는 사유를 끄집어 내야 하고 사유를 끄집어 내기 위해서는 용기를 내야 합니다. 그건 타고난 것인지 결단인지는 모르겠지만, 하여간에 그렇습니다.

이제 결론입니다. 자본주의 사회에서 큰 돈을 벌려면 공격성 혹은 적극성이 어느 정도 필요하다는 것은 인정하지 않을 수 없습니다. 공격성이란 그 속성상 잘 제어되지 않으면 선을 넘을 수 있습니다. 공격성을 발휘하면서도 윤리적, 법적으로 악을 행하지 않기 위해서는 분별하는 지혜가 필요합니다. 그리고 그 지혜를 행하기 위한 용기가 필요합니다. 그 용기를 우리는 한나 아렌트의 정치철학에서 배울 수 있습니다.

6장

철학공부

1

철학의 단련

지금까지 투자자들이 어떠한 철학을 공부했고 어떠한 철학의 도움을 받았는지를 살펴보았습니다. 또한 철학적인 관점에서 어떻게 투자자들을 해석할 수 있는지도 살펴보았지요. 독자 분들 중에서는 철학을 공부하고 싶다는 생각이 드는 분들도 있을 것입니다. 이에 대한 이야기를 해 보지요.

철학을 어떻게 공부해야 하고 어떻게 써 먹을 수 있는가. 제 나름의 답변은 다음과 같습니다.

▶ 실증주의/합리주의

이 철학을 단련하면 어떤 사안에 대해서 명료하게 생각하는 것이 가능해집니다. 여러 현상들을 개념화하고 개념들의 관계를 논리적으로 고찰하는 데 매우 유용합니다. 그러므로 중요한 회의가 있다던가, 협상이 있다던가 할 때에는 분석철학을 공부해 보는 것을 추천합니다. 세부적으로 들어가면 너무 전문적이고 어려운 내용이라, 공부한 후에 세부적인 지식은 잊어버려도 상관 없을 것 같습니다.

이 철학을 단련하는 기간에는 자기도 모르게 이전보다 더 개념적이고, 분석적이고, 논리적으로 생각하고 말할 수 있게 됩니다. 그러한 사고방식을 장착하는 것으로 충분합니다. 사소하게는 말싸움, 논쟁을 잘할 수 있게 됩니다. 다만 좀 안 보면 다시 원래의 습성(제 경우엔 둔하고 모호한 상태)으로 돌아간다는 것이 문제이기는 한데, 실용적으로 중요한 일들이 있기 며칠 전에만 분석철학을 공부하면 도움이 될 것입니다.

플리커, 슬랙 등을 창업하고 성공시킨 스튜어트 버터필드도 철학을 전공하였는데요, 철학을 통해서 기본적으로 인간을 이해하는 것을 배우기도 했지만 그 외에도 실용적인 측면에서 도움을 받았다고 합니다. 한 기사에 실린 그의 말을 들어 보겠습니다.

철학은 내게 두 가지를 가르쳐 주었습니다. 먼저 매우 명료하게 쓰는 법을 배웠습니다. 어떤 주장을 끝까지 이해하는 법을 배웠지요. 이것들은 회의를 진행할 때 중요한 것들입니다. 또한 과학철학을 공부했을 때 예를 들어 사람들이 '중력을 전파하는 에테르' 같은 오래된 개념들이 진실이 아니라는 것을 깨닫기 전까지 어떤 식으로 진실을 믿는지에 대해서도 잘 알게 되었지요.

- 스튜어트 버터필드[65]

이 철학은 개인적인 생각으로는 기독교/불교 같은 종교적 사유와 매우 가까운 자리에 있는 사유가 아닌가 싶습니다. 아주 명료하고 논증적이라기보다는 깨달음을 추구한달까, 그런 느낌이 있습니다. 그래서 인생에 대한 의미 같은 것을 고민할 때, 깊은 사유의 단계에서 얻을 수 있는 깨달음 같은 것들을 선사해 줍니다. 반대로 잘못하면 주화입마할 수도 있을 것 같습니다.

현상학/해석학은 체계적으로 전체를 파악하는 방식보다는 하나하나의 사유가 높이 솟구친 산들인 만큼, 읽은 내용에서 본인만의 방식으로 의미를 발견해 내는 것이 중요하다고 봅니다. 이 철학은 속성으로 배울 수 있는 철학은 아닌 것 같습니다. 아주 천천히, 내공이 쌓여 가듯이 배울 수 있습니다. 이 철학을 오랫동안 연마하신 고수들은 인생에 대한 책도 많이 집필하시는데, 그런 연관관계가 있을 것입니다.

또한 실제 사회과학 연구 현장에서 실증주의가 많이 활용되는 만큼, 그런 주류의 방식과는 다른 새로운 사고의 방식을 얻고 싶다 할 때도 이 철학이 큰 도움이 됩니다.

예를 들어 인공지능의 발전과 그에 대한 담론을 주도하고 있는 트랜스 휴머니즘의 흐름을 비판할 때, 그리고 대안적인 방법과 새로운 아이디어를 제시할 때 이 유파의 창고를 뒤져 보는 것은 매우 유용합니다. 이미 하이데거, 메를로-퐁티의 철학을 인지과학에서 연구하고 받아들인 역사가 수십 년이기 때문에 인공지능과 관련하여 살펴볼 자료가 많습니다.

▶ 비판이론/후기-구조주의의 철학
- -

이 철학은 두 종류의 대립하는 집단에게 모두 도움이 될 수 있습니다. 우선은 이 세상(예컨대 자본주의 체제)에 변화를 만들어 내려는 집단의 경우입니다. 이 세상을 변화시키기 위해서는 방법론, 전략적 관점이 중요합니다. 그러면서도 도대체 '이 세상은 어떤 방식으로 존재하는가. 이 세계는 어떻게 돌아가는가'에 대한 생각도 깊이 있게 전개하지 않을 수 없습니다. 이 세상이 어떠한지 알아야지, 이 세상을 어떻게 변화시킬지도 알 수 있는 것 아니겠습니까.

(꼭 세상을 변화시킨다는 마음이 아니더라도 그냥 이 사회가 제시하는 표준적인 삶의 방식을 떠나 대안적인 삶의 방식을 마련하는 데 있어서도 도움이 될 수 있겠습니다.)

그리고 마르크스주의/후기-구조주의는 '이 세상이 어떠한지'에 대해서 다룹니다. 마르크스주의는 우리가 사는 이 자본주의 체제의 근본적인 속성을 다룹니다. 후기-구조주의, 특히 들뢰즈의 사상은 여러 가지 사상을 버무려서 이 세계와 인간, 그 존재 자체를 다룹니다.

반대로 이 세상에서 성공하고 싶은 사람들도 이 철학에서 도움을 받을 수 있습니다. 성공이라는 것도 결국은 전략적 측면에 다분히 기대는데 그 전략적 측면은 세상의 원리를 알아야 적절하게 고려될 수 있기 때문입니다. 그러니깐 마르크스의『자본론』을 언제부터인가 주식투자자들이 읽는 것입니다. 그리고 들뢰즈의『차이와 반복』또한 현대 사회의 네트워크적인 속성을 이해하기 위해서 유용하게 활용하는 사람들이 생겨났습니다.

개인적인 경험을 말씀드리자면, 저에게는 철학, 특히 마르크스주의를 공부하고 사회운동을 열심히 했던 친구가 있습니다. 어느날 동네에 있는 한 요양병원을 같이 지나가면서 요양병원이 유지가 될까 하는 이야기를 잠깐 하게 되었는데, 이 녀석이 병원의 사업성 분석을 곧잘 하는 것입니다. 경영학이나 전통 경제학을 단 한번도 공부하지 않았으며 사업이나 투자 관련 일은 전혀 해 보지 않았던 친구인데 제 나름의 시각으로 사업성을 분석하는 것을 보고 꽤 인상 깊었습니다. 그리고 속으로 생각했지요,

'아, 서당개 3년이면 풍월을 읊는다더니, 마르크스주의 오래 공부하더니 나름대로 경지에 도달했구나'

물론 그 친구는 자본주의의 속성을 이용해서 돈을 벌거나 하는 데는 관심이 없는 친구입니다. 그저 이야기 중에 마르크스주의 경제학으로 단련된 하나의 관점을 언뜻 내비쳤을 뿐입니다.

★ 물론 철학을 전문적으로 연구하려면 끝도 없을 것입니다. 저 또한 학부에서 철학을 전공하기도 하였지만 그 기간이 그다지 길지는

않습니다. 하지만 짧은 시간 공부한 철학을 통해서 이후 사회생활을 하는 데 있어서 많은 도움을 받았습니다. 그래도 이 정도의 공부만으로도 꽤 덕을 보았으니, 많은 이들이 겁먹지 말고 철학을 공부했으면 좋겠다는 생각입니다.

직장인들이 처음 철학을 공부한다면 6~12개월 정도는 서양철학사(스털링 P. 램프레히트의『서양철학사』, 같은 책)를 공부한 후에, 이 책에서 소개한 세 분류의 철학을 필요할 때마다 조금씩 공부하면 되지 않을까 싶습니다. 어차피 지식을 차곡차곡 쌓아가는 것이 필요하다기보다는 사고방식을 바꿔 보고, 새로운 아이디어를 얻을 수 있으면 그만이니깐 '단련' 혹은 새로운 것들을 둘러보는 '산보'의 느낌으로 해나가면 좋지 않을까 싶습니다.

또한 책에서 제시한 체계(세 가지의 철학)를 따르는 것이 유용할 것이지만, 조금 공부를 해 보고 이 체계는 버려서도 좋습니다. 비트겐슈타인의 어법을 빌려서 이야기하자면, 사다리를 이용해 위로 올라갔다면 사다리는 걷어차 버려도 상관 없는 것일 테니 말이지요.

유망한 철학

이 책에서 지금까지 이야기한 내용들은 다 과거형 혹은 현재형입니다. 과거에 투자자들이 어떻게 철학을 활용하였고 현재도 사용하고 있는지를 보여드렸습니다. 이제는 미래를 전망하고 대응한다는 관점에서 철학적 격자틀이 어떻게 활용되는지를 보여드리고자 합니다. 인공지능을 사례로 하여 설명을 드리지요.

앞으로 투자하는 사람들은 인공지능에 대한 이해도가 반드시 필요하다고 생각합니다. 투자는 사업의 세계랑 분리될 수 없습니다. 그런데 사업의 세계에 인공지능이 보편적으로 사용된다면 투자자는 이러한 환경변화를 반드시 알아야 할 것입니다.

그런데 인공지능 관련산업 종사자나 전공자가 아니라면 인공지능을 기술적, 공학적으로 이해하는 것은 쉬운 일이 아닐 것입니다. 이럴 때 인공지능에 접근하는 통로 중의 하나가 철학이 될 수 있습니다. 실제로도 인공지능 연구는 여러 학문들의 협력 속에서 이루어지고 있는 바, 그 축의 한 부분을 철학도 담당을 하고 있습니다. 저 또한 인공지능 전문가는 아니지만 인공지능 산업의 발전을 관심 깊게 지켜보고 있습니다. 그리고 나름대로 생각들을 정리해 나가고 있지요. 그 정리된 생각들을 한번 설명 드려보겠습니다.

(1) 인간을 뛰어넘는 인공지능

인공지능은 크게 3단계로 분류될 수 있습니다. '약인공지능', '강인공지능', '초지능'이 그것입니다. 약인공지능은 인간 지능의 특정 부분을 닮거나 뛰어넘은 존재이며 강인공지능은 보편적인 능력 모두에서 인간과 대등한 지능을 소유한 존재이며, 초지능은 인간을 뛰어넘는 존재입니다. 이러한 인간을 뛰어 넘는 인공지능의 비전을 주도하고 있는 사람은 구글의 엔지니어링 이사이자 미래학자인 레이 커즈와일입니다.

(2) 초지능에 이르는 방법

초지능을 대비한 책을 쓴 사람은 옥스퍼드 철학과 교수인 닉 보스트롬입니다. 그의 책『슈퍼인텔리전스』에 따르면 초지능에 이르는 방법은 크게 5가지로 분류할 수 있으며 가장 잠재성이 높은 것은 역시 인공지능의 방식입니다. 5가지 방법 중 전뇌 에뮬레이션은 인간의 뇌를 분석하여 소프트웨어화해서 컴퓨터에 업로드하고자 합니다. 생물학적 인지능력은 우생학적으로 우수한 유전자끼리 교배를 해서 좋은 인종들을 낳다 보면 언젠가는 슈퍼 인간이 도래한다는 식의 이야기를 합니다. 뇌-컴퓨터 인터페이스는 쉽게 이야기해서 구글 칩, IBM 칩 등을 인간 뇌에 박아 넣는 것입니다. 조직과 네트워크는 집단지성의 힘으로 인간이 초월적 분야에 도전한다는 식입니다.

(3) 인공지능의 방식

페드로 도밍고스의 책『마스터 알고리즘』에 따르면 현재의 패러다임 하에서 인공지능의 연구를 주도하고 있는 5가지 방법이 있습니다. 바로 기호주의, 연결주의, 베이즈주의, 유추주의, 진화주의 등입니다. 이 방법들은 주로 인간의 사고방식을 모방하려고 합니다.

(4) 인공지능 연구 역사

한편 인공지능 연구 역사를 살펴보면 가장 먼저 히트를 친 것은 기호주의였고 그 다음으로는 연결주의가 히트를 쳤습니다. 가장 기본이 되는 방식들입니다. 인공지능 연구 참여하고 있는 학문인 인지과학에서도 1세대는 계산주의, 2세대는 연결주의로 분류가 됩니다. 참고로 계산주의는 인간의 마음을 계산에 불과하다고 봅니다. 마음이 계산에 불과하다면 이 계산은 기호(symbol)와 규칙(rule)으로 동작하는 컴퓨터로 구현할 수 있습니다. 그래서 인지과학에서 사용하는 '계산주의'라는 용어와 인공지능에서 사용하는 '기호주의'라는 용어가 서로 비슷한 말이라고 봐도 무방하겠습니다.

(5) 철학적 전제

강인공지능이 도래하는 '특이점의 시대'는 레이 커즈와일이 주장하고 있는 것입니다. 그리고 레이 커즈와일, 닉 보스트롬처럼 트랜스휴머니즘을 연구하는 사람들은 철학적으로는 '유물론적 환원주의'와 '기능주의'에 기초하고 있습니다. 유물론적 환원주의라는 것은 존재하는 모든 것을 물질로 설명하는 것이며 기능주의는 인간의 지능을 구현하는 데에 물질이 중요한 것이 아니라 기능이 중요하다는 관점을 취합니다. 예컨대 실리콘 덩어리에도 인간의 지능을 구현할 수 있다고 보는 것입니다.

(6) 기술적 전제

철학적으로는 (5)번과 같고 기술적으로 이들은 역공학의 방식이 가능하다고 봅니다. 특히 레이 커즈와일이 역공학을 주장합니다. 인간 뇌의 메커니즘을 어느 정도 파악하면 그대로 모방함으로써 인간

뇌를 따라잡을 수 있다고 봅니다. 특히 인간 뇌도 거대한 패턴인식기에 불과하기 때문에 역시 패턴인식기인 컴퓨터로 모방할 수 있다고 봅니다. 다만 연산능력이라던가 파워의 효율성 등이 문제가 될 것인데 이 부분은 바이오 기술(BT), 정보 기술(IT), 나노 기술(NT) 등이 발전하고 있으므로 문제가 없을 것입니다. 이들은 기술이 기하급수적으로 발전하고 있기 때문에 언젠가는 양이 질로 변환되는 도약이 가능할 것이라고 봅니다. (5)번과 (6)번의 주요 내용은 성균관대 이종관 교수님의『포스트휴먼이 온다』를 참조하였습니다.

(7) 의식과 지향성

지금까지 설명한 '역공학의 방식'은 인간을 완전히 이해하는 방식을 택한 것이 아닙니다. 특히 의식과 지향성에 대한 고려가 빠졌습니다. 인간은 무언가를 지향합니다. 책상을 지향하고, 물통을 지향합니다. 그러나 책상은 그 자체로 있을 뿐입니다. 책상을 인간의 의식에 꽂아 넣는 지향성이라는 개념은 텅 빈 무와도 같은 개념입니다. 비어 있어야지 사물에 대한 관념을 꽂아 넣을 수 있지 않겠습니까. 그런데 지향성이 꽂히는 의식이라는 것은 또한 무엇일까요. 그것은 통일된 장입니다. 노트북과 물통과 컵과 볼펜이 하나의 통일된 세계로서 뇌리에 꽂힙니다. 이러한 의식과 지향성은 물리적으로 설명이 되지 않았고 되기도 어렵습니다. 인간 마음 안에 존재하고 있기 때문입니다. 그래서 강인공지능으로 가는 데 큰 걸림돌이 되고 있기도 합니다. 인공지능을 다루면서 의식은 항상 많이 나올 수밖에 없는 주제입니다.

(8) 세계관

의식과 지향성을 물리적으로 설명하느냐 비물리적으로 설명하느냐는 매우 중요한 문제이며 세계관의 문제로까지 전선이 확장됩니다. 존 설 같은 철학자는 아직 의식과 지향성이 극복된 분야는 아니지만 그래도 물리적으로 설명하는 수밖에 없다고 생각합니다. 반면 마르쿠스 가브리엘 같은 철학자는 세계를 통합하는 하나의 원리는 없다고 생각합니다. 여러 존재의 차원이 있다고 주장합니다. 연방 공화국 독일이 존재하지 않는다고 말할 수 있을까요? 물리적으로 경험되지는 않지만 우리는 독일이 존재한다는 것을 압니다.[66] 이 우주에 물리적으로 경험되는 세계만이 존재한다고 말할 수는 없는 것이지요.

(9) 체화된 인지

인간의 의식과 지향성을 구현하는 문제만 있는 것이 아닙니다. 이러한 의식과 지향성에 대한 철학은 현재는 굉장히 나이브한 것으로 받아들여지고 있습니다. 의식은 무의식이라는 빙산의 일부분일 뿐입니다. 더군다나 우리의 감각경험, 인지는 뇌에서 홀로 이루어지는 것이 아니라 몸과 함께 이루어지는 '체화된 인지'입니다. 무의식과 체화된 인지를 구현하는 방식으로 가야 진정한 강인공지능의 도래를 볼 수 있을 것입니다.

(10) 열려 있는 미래

그러나 인간을 다 이해하고 구현하는 방식은 매우 어렵습니다. 그렇기 때문에 앞에서 말씀드린 역공학의 방식이 거론되고 있는 것입니다. 어느 쪽으로 이해하든지, 어떤 방식으로 가든지 누가 승자가 될지는 가봐야 알 수 있겠습니다.

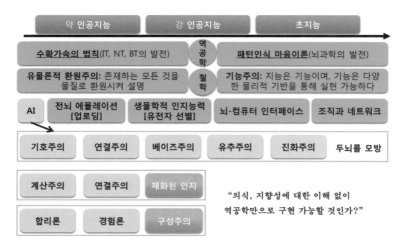

참고자료: 책『슈퍼인텔리전스』,『마스터 알고리즘』,『포스트휴먼이 온다』

(11) 새로운 미래

여기서부터 논의의 방향을 약간 틀어 보지요. 강인공지능이 도래하기 전 우리는 약인공지능과 함께 이 세계를 살아가고 있습니다. 그런데 이 약인공지능도 우리 삶에 많은 영향을 끼치고 있습니다. 모든 것이 자동화되면서 사람들의 일자리가 부족해지고 있습니다. 몇 년 전 자본의 수익률이 경제성장률을 상회하는 현상을 다룬 책 『21세기 자본』(토마 피케티 저)이 유행하였습니다. 또한 인공지능 산업이 발전하면 관련 산업에 투자한 사람들과 그렇지 못한 사람들 사이의 빈부격차는 더 커질 것이라는 우려도 증대되고 있습니다.

(12) 노동이 사라진 시대

인공지능의 도입으로 생산성은 향상되지만 일자리가 없어진다면 우리 사회를 어떻게 지탱할 수 있을까요? 일자리와 소득이 사라진 사람들이 많아지면 사회를 지탱하기가 어렵습니다. 그렇기 때문에 이를 보완하기 위한 '기본소득제' 도입을 두고 벌어지는 논쟁은 앞으로 계속될 것입니다. 물론 기본소득제가 아니더라도 생산과 소비의 미스매치를 극복하기 위한 여러 창의적인 아이디어들이 필요하겠지요.

(13) 노동하는 인간

만약 전면적인 기본소득제가 도입된다고 해도 이는 또 다른 문제를 야기시킬 것입니다. 많은 철학자들은 인간의 본질을 '노동'에서 찾습니다. 생산적인 노동활동을 통해서 삶의 만족감을 느끼고 때로는 행복한 몰입감도 느끼는 것이 인간이라는 것이지요. 물론 직장상사와 다투거나 일이 원초적으로 힘들거나 한 경우를 제외하고 말이지요. 근본적으로 봤을 때 인간은 일이 없으면 무력해지는 존재라는 것입니다. 아무리 돈이 많다고 해도 스케줄을 자꾸 만드는 것이 인간의 속성을 보여주지요. 반대로 일이 없는 백수들은 미래를 향해 나아갈 수 없고 생산의 기쁨을 누릴 수 없고 창조할 수 없기 때문에 속절없이 무너지게 됩니다.

(14) 새로운 인간형

그러니 우리는 인간과 노동의 관계를 다시 설정해야 할 필요성이 있습니다. '노동이 인간의 본질'이라는 도그마에서 벗어나서, 일하지 않는 인간들이 한데 어울려 살아가는 세상에 대한 새로운 생각들을 창조해 내야 합니다.

(15) 노동하지 않는 인간

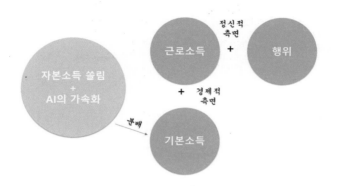

　노동이 사라지고 인간의 삶에 대한 우리의 생각을 새롭게 해야 하는 시대가 도래한다면, 정치철학자 한나 아렌트가 이 문제 해결에 대한 답을 줄 수 있을 것 같습니다. 그녀는 인간의 활동적 삶을 노동, 작업, 행위로 구분합니다. 즉 인간의 활동에는 노동뿐만 아니라 작업, 행위가 존재합니다. 여기에서 행위가 중요합니다. 행위는 예컨대 '정치적 행위'를 생각하시면 되겠습니다. 어떠한 정치적 사안에 대해서 목소리를 내고 글을 기고하고 캠페인을 하고 돈을 모금하고 정당을 지지하고 투표하는 활동들이 정치적 행위에 속합니다. 반복적으로 생존을 위해서 하는 노동과는 분명한 차이가 있지요.

　인공지능이 발전하면 인간은 인공지능을 노예처럼 부리고 인간은 기본소득제에 의존하면서 그 옛날 그리스 시민들처럼 정치적, 철학적 논쟁을 하면서 보낼지도 모릅니다. 하루 종일 민주적 시민이 되기 위한 소양을 닦기 위해 공부를 할 수도 있겠습니다. 결국 노동이 사라지더라도 다른 활동들도 인간의 삶을 채울 수가 있는 것입니다. 노동과 인간의 관계에 대한 우리의 고정관념에서 탈피할 필요가 있는 것이지요.

(16) 인공지능의 지위

한편 저는 (15)번을 이야기하면서 '인공지능을 노예처럼 부린다'는 인간 중심주의적인 편견을 보여 주고 있습니다. 잘 생각해 보면 우리가 동물인권을 말한 지가 얼마 되지 않습니다. 복날 때려서 잡아 먹는 대상으로 취급되던 강아지도 이제는 인간이 학대를 하면 처벌되는 환경이 조성되었습니다. 문명의 역사를 잘 살펴 보면 인간은 점차 주변으로 밀려나고 있는 것을 알 수 있습니다. 코페르니쿠스의 지동설은 우리가 살고 있는 지구가 우주의 중심이 아니라는 것을 선언하였습니다. 다윈의 진화론을 통해서 인간은 특수한 존재로서의 지위를 박탈하고 그저 진화하는 동물의 한 종이 되었습니다. 프로이트의 심리학에서 인간의 주체는 해체되었고 그 대신에 무의식이 등장합니다. 이제 인공지능과 기계로봇이 발전하면 우리는 인간과 인공지능의 지위를 원천적으로 분리하여 생각하는 사고를 버려야 할지도 모릅니다. 이것이 바로 MIT 역사학과 교수인 브루스 매즐리시가 주장하는 '네 번째 불연속'입니다.

(17) 인간 중심주의

이런 생각도 있습니다. 그래도 인간 중심주의가 맞지 않겠는가. 즉 인간이 특별한 존재라는 것을 점차 인정하지 않는 시대로 가고 있지만 그 밑바탕에는 그래도 인간과의 거리가 판단의 중심이 되고 있습니다. 반려동물의 학대를 금지하는 것도 사실 인간과의 거리로부터 판단하는 것입니다. 돼지나 소를 죽여서 우리가 먹는 것도 결국 인간을 중심으로 도덕규범을 형성하고 있는 것입니다. 로봇이나 인공지능도 마찬가지가 되겠지요. 인간을 중심으로 인간을 더 이롭게 하는 방향으로 로봇과 인공지능을 보호하게 될 것입니다. 그게 결론적으로 인간의 특별한 지위를 낮추고 무정물인 로봇의 위치를 상승시키는 역설이 발생하더라도 말이지요. 그럼에도 불구하고 핵심적으로 관통하는 생각은 이것입니다. '인간이 어찌 인간적 관점을 탈피할 수 있겠는가'.

(18) 인간과 인공지능의 관계

인간을 그저 평범한 존재로 전락시키고 기계의 지위를 상승시켜 무차별한 존재로 다루는 것에 반대하는 입장들도 있습니다. 이들은 인간과의 협력 관계를 전제하고 인간을 고려한 인공지능 설계가 되어야 한다고 주장합니다.

결론입니다. 앞으로 다가오는 인공지능의 시대에는 인공지능의 대한 인식을 새롭게 하고 인간과의 관계를 정립하는 문제가 화두가 될 것입니다. 이 문제를 해결하려다 보면 결국 인간의 본질에 대해서 근본적으로 생각하게 될 수밖에 없겠지요. 또 인공지능이 일자리를 빼앗아간 시대, 노동이 사라진 시대에 인간의 삶을 어떻게 새롭게 구성할 것인가에 대한 논의들도 활발하게 이루어질 것입니다. 인간은 모든 학문과 지혜를 동원하여 이 새로운 전장에서 싸울 것입니다. 그리고 우리는 철학을 공부함으로써 인공지능을 비롯한 최신기술이 바꿔 놓을 세상에 접근하는 하나의 통로를 얻을 수 있습니다. 이 길에 같이 동참해 보는 것이 어떨까요.

3

어떻게 책을 읽는가

전작인 『철학의 검으로 투자의 세계를 베다』를 읽고 제게 어떤 방식으로 책을 읽느냐고 질문을 해 오신 분이 있었습니다. 이런 질문에 답할 자격이 될 만큼 공부가 되었는지는 확신이 없지만, 기본적으로 제 생각은 이렇습니다.

▶ 첫 번째
- - - - - - -

저는 책에 줄도 치고 메모도 하면서 약간 지저분하게 읽습니다. 그리고 중요한 페이지는 접어서 나중에 찾기 용이하도록 합니다. 때때로 난해하다고 생각되는 책은 내용을 엑셀이나 파워포인트로 정리하면서 읽습니다. 엑셀과 파워포인트에 정리하는 습관은 책의 내용을 구조화해서 읽는 데 도움이 됩니다.

빌 게이츠도 책의 여백에 필기하면서 읽는 습관이 있다고 합니다.

이렇게 하는 것이 집중력에도 도움이 되고 생각을 하면서 읽을 수가 있는 것이지요.

▶ 두 번째
- - - - - - -

머리 속에 지식모형을 만들어 놓는 것입니다. 여러 책을 통해서 얻은 정보를 나만의 것들로 만들기 위해서는 어떤 모형을 구축할 필요가 있습니다. 모형이 없다면 여러 정보들은 하나의 에피소드로 그냥 흘러갑니다. 모형이 있다면 모형의 특정 위치에 정보들을 위치시킬 수 있습니다. 그러면 기억하고 또 이해하기에 용이합니다.

▶ 세 번째
- - - - - - -

현재 하고 있는 일과 관련된 일을 읽으면 좋습니다. 예를 들어 M&A와 관련된 업무를 수행해야 할 때는 M&A에 대한 책을 읽고 특허 관련 일을 수행해야 할 때는 특허에 관한 책을 읽는 것이지요. 이렇게 실제 사용 목적을 염두해 가면서 읽으면 좀 더 집중력을 가질 수가 있습니다.

▶ 네 번째

같이 공부하는 모임이 있으면 좋습니다. 혼자 공부할 때보다 여럿이 토론하면서 읽을 때 배우는 것들이 있습니다. 책을 읽고 모임을 준비하고 발표하는 과정에서 읽은 내용들을 좀 더 심층적으로 이해할 수 있게 됩니다. 책 읽는 모임은 요즘 온라인에서도 많이 찾을 수가 있습니다. 이를 전문적으로 진행하는 사이트들도 있지요.

▶ 다섯 번째

좋은 선생님의 지도가 있으면 좋습니다. 어떤 분야에서 오랫동안 연구하신 선생님의 설명을 들을 때 오랜 시간 고민하고 이해하지 못했던 내용들이 한번에 풀리는 경우들이 있습니다. 따라서 지금 현재 읽고 있는 책에 대해서 좋은 가르침을 줄 수 있는 선생님을 공들여 찾는 것도 좋은 방법입니다.

▶ 마지막

책은 책일 뿐이라는 것을 알아야 합니다. 책은 다른 사람의 지식과 경험일 뿐입니다. 그것을 자신의 것으로 만들고 실제 수행하는 것은 자기 자신입니다. 많은 책을 읽다가 실행력을 오히려 잃어버릴 수가 있습니다. 중요한 것은 실제 행동이며 책은 어디까지나 보완할 뿐입니다. 책을 통해 간접경험하고 깨닫는 것과 행동을 통해 직접 경험하고 성취해 나가는 것 사이의 경계점을 잘 구분하여 균형을 잡아야 할 것입니다.

4

도움이 될 책들

투자와 사업에 관한 책이면서도 인문적인 관점이 녹아 들어 있는 책들을 한번 추천해 봅니다.

『블랙스완』, 나심 니콜라스 탈레브 저: 제가 증권사에 입사했을 때가 2008년 금융위기의 한복판이었습니다. 그때 팀 내에는 이 책이 여러 권 나뒹굴고 있었습니다. 이 책은 통계, 철학, 카오스 이론, 심리학 등 여러 학문의 내용을 다루고 있습니다. 철학에서는 흄의 회의주의와 칼 포퍼의 과학철학을 다루고 있지요. 나심 탈레브는 이 책에서 플라톤주의, 즉 이론으로 모든 현실을 재단하는 전문가들을 비판하고 있습니다. 어떠한 일이 발생하면 인간은 이야기를 지어내고 이론으로 만들고 그 이론에 현실을 꿰다 맞추는 행태를 보여 줍니다. 그러다 보면 블랙스완 같은 예상치 못한 사건으로 한 방에 무너질 수 있지요. 이 책은 그러한 내용을 다루고 있습니다. 전통적인 금융이론을 공부하고 나서 이 책을 읽으면 균형을 잡을 수 있을 것입니다.

『현명한 투자자의 인문학』, 로버트 해그스트롬 저: 이 책은 투자를 위해서 알아야 할 여러 학문들의 주요한 아이디어들을 소개하고 있습니다. 이 책을 읽으면서 찰리 멍거의 격자틀 모형은 여러 학문들을 공부하는 데 있어서 우리가 얻을 수 있는 것들에 대한 좋은 은유가 되지 않을까 싶습니다. 이 책의 초반에 물리학과 생물학을 토대로 서로 대비되는 세계관을 소개하고 있는데요. 먼저 물리학적 세계관이 어떻게 경제학에 접목되고 지배적인 금융이론으로 발전하는지를 보여줍니다. 또한 생물학적 세계관과 행동주의 경제학을 통해 어떻게 주식시장에 대한 좀 더 역동적인 상을 그릴 수 있게 되었는지를 보여 줍니다. 찰리 멍거의 사고방식(격자틀 모형), 물리학(균형), 생물학(진화)에 대한 책의 전반부가 특히 볼 만하다고 생각합니다.

『내일의 금맥』, 마크 파버 저: 이 책은 투자의 역사를 어떻게 공부할 수 있는지를 알려줍니다. 저자와 함께 인류 탄생 이래 투자의 역사를 같이 살펴보면서 반복되는 것과 새롭게 변하는 것에 대한 통찰을 얻을 수 있는데요, 특히 도시들의 흥망성쇠를 다룬 부분이 매우 흥미롭습니다. 역사를 열심히 공부하는 투자자가 어떻게 투자에 접근하는지를 잘 보여 주는 책이라고 생각합니다.

『무역의 세계사』, 윌리엄 번스타인 저: 이 책은 자본주의의 역사를 되돌아보는 데 유용한 책입니다. '무역'이라는 주제를 다루면서 고대사부터 기술하고 있지만, 무엇보다 대항해 시대 때 무역의 발전과 강대국들의 흥망성쇠를 상세하게 다루고 있어서 투자자들에게 도움이 되는 책입니다. 『내일의 금맥』과 함께 읽으면 더욱 좋습니다.

『금융시장의 새로운 패러다임』, 조지 소로스 저: 기존의 전통적인 금융이론은 물리학에 기반하고 균형을 강조합니다. 그러면서 가정하는 것이 인간은 합리적인 존재이며 자연 법칙처럼 인간을 이해할 수 있다고 봅니다. 그런데 시장이 균형을 찾기 마련이라는 관점은 항상 시장만능주의로 흐를 수밖에 없고, 그게 시장의 방임 분위기를 낳게 되고 금융위기로 이어집니다.

그런데 조지 소로스가 보기에 자연현상은 자연법칙을 따르지만 인간사회는 법칙을 따라 형성되는 것이 아닙니다. 인간은 자연법칙을 따르지 않으며 믿음, 오류, 열망 같은 것들에 기인해서 판단합니다. 순수하게 이성적인 존재가 아닌 것이지요. 그러니 자연현상과 인간사회를 연구하는 것은 달라야 합니다. 이 대목에서 그의 유명한 이론인 '재귀성 이론'이 등장하게 되는 것이지요. 이 책을 통해서 시장과 인간이 영향을 주고 받는 관계라는 것을 이해할 수 있습니다.

『프로이트의 소파에 누운 경제』, 토마스 세들라체크, 올리버 탄처

저: 이 책은 정신분석학, 그리고 정신분석학이 즐겨 사용하였던 해석 도구인 신화를 통해서 경제를 해석하고 있습니다. 신화와 현대의 경제시스템이 얼마나 닮아 있는지 유사성에 주목하는 것입니다. 정신의 격자모형틀처럼 유사한 패턴을 발견함으로써 우리 경제시스템을 더 잘 이해할 수 있도록 해 주는 것이지요.

저자들이 보기에 원래 세상의 이치는 자연스러운 순환에 있지만 자본주의, 혹은 경제가 걸린 정신병 때문에 조증과 울증이 반복되는 이상현상이 발생한다고 봅니다. 공격성 때문에 끊임 없이 파괴하고 소비하며, 두려움 때문에 사기꾼들의 말에 현혹되기도 합니다. 이 사회시스템을 바꾸기 위해서는 우리 자신부터 변화될 준비를 해야 할 것입니다.

『제국주의, 자본주의의 최고 단계』, 블라디미르 레닌 저: 이 책은 그 유명한 레닌의 책입니다. 자본주의 체제에서 어떻게 산업자본의 독점이 발생하고 금융자본이 이를 지원하는지를 우선 분석합니다. 또한 공황이 왔을 때 오히려 거대자본들이 어떻게 역으로 기회가 되는지도 설명하지요. 제국주의로 발전하게 되는지 설명이 되어 있습니다. 결국 금융자본과 산업자본이 결탁하여 거대한 독점을 낳는 데 이윤율 저하를 막기 위해서 자본을 수출하게 됩니다. 그리고 이 자본수출에는 흔히 무력이 동반됩니다. 무력을 통해 자본이 수출되고 식민지를 건설합니다. 이게 제국주의로 연결됩니다. 그래서 제국주의는 자본주의의 최후단계입니다. 산업혁명 이후에 어떻게 자본이 발전하고 독점으로 화하는지 당시 인물의 입을 통해서 생생하게 보는 재미가 있습니다. 부담 없이 읽으면서 자본주의 체제의 속성에 대해서 생각해 볼 수 있는 책입니다.

『센스메이킹』, 크리스티안 마두스베르그 저: 철학의 한 유파인 현상학을 컨설팅에 접목한 책입니다. 아무래도 요즘 빅데이터는 모든 산업에서 많이 활용되고 있는데요, 이 빅데이터의 방법론은 주로 실증주의에 기반하고 있습니다. 따라서 이 책은 그러한 관점을 보완할 수 있는 현상학을 통해서 우리가 그냥 지나칠 수 있는 것들에 대해서 이야기하고 있습니다. 이 책은 오래 동안 상대를 봄으로써 얻을 수 있는 지식이 있다고 말합니다. 즉 상대방의 문화, 역사, 맥락에 몰입해서 얻는 두꺼운 데이터가 있는 것입니다. 그리고 빅데이터는 커다란 데이터이기는 하지만 오히려 얇은 데이터일 수 있다고 보지요. 좀 색다른 관점에서 데이터를 보고 싶은 분들에게 추천합니다.

『위험한 경영학』, 매튜 스튜어트 저: 이 책은 투자쪽보다는 컨설팅에 관련한 책입니다. 철학을 전공한 저자가 대형 컨설팅 회사에 입사하여 경험한 것들을 바탕으로 철학적으로 해석한 책입니다. 그는 과학적 경영이 가치판단이 필요한 곳에서조차 적용되는 것을 비판하고 컨설팅 업계의 이론이 특별한 미래예측 능력 없이 그저 과거에 대한 설명력만 갖는 것에 대해서도 부정적으로 봅니다. 이 책을 통해서 우리가 흔히 접할 수 있는 이론들을 비판적으로 바라볼 수 있는 기회를 갖게 될 것입니다.

『포스트 휴먼이 온다』, 이종관 저: 현재 인공지능과 관련된 논의들을 이끌고 있는 것은 트랜스휴머니즘입니다. 이 트랜스 휴머니즘은 유물론적 환원주의, 기능주의라는 철학적 입장에 기반합니다. 이 책은 이런 내용을 소개한 후에 트랜스휴머니즘을 비판하고 극복할 수 있는 대안을 후설, 하이데거 철학을 통해서 고찰합니다. 그 과정에서 사례로 쓰인 것이 아이패드, 가상현실, 3D TV 등인데 내용이 매우 흥미롭습니다. 후설과 하이데거의 현상학을 IT기술에 이렇게 접목해서 생각할 수 있구나 하는 깨달음을 주는 책입니다. 현상학 공부에 대한 열의를 북돋아 줄 수 있는 책이라고 생각합니다.

철학을 공부해서 혜택을 받은 투자자, 사업가들이 미국에는 엄청나게 많습니다. 반면 한국에서는 그러한 경우를 찾아보기가 상대적으로 어려운 듯합니다. 한국에서는 당장의 실용적인 학문이 유용한 것 같습니다. 아니 사실 그 중요한 기초과학을 공부하는 학생들마저 부족한 현실이니 철학이나 인문학 공부를 권하기도 어렵지 않나 싶기도 합니다.

하지만 저는 지금이야말로 철학과 인문학이 필요한 시기가 아닌가 싶습니다. 단순히 다른 국가들을 따라가며 모방하는 방식은 점점 힘을 잃어가고 있습니다. 이제는 스스로 문제를 발견해 내고 그 문제를 해결할 수 있는 새로운 아이디어를 창조할 수 있어야 합니다. 그러한 국가가 되기 위해서 우리 중 일부는 철학과 인문학의 보물 창고를 실용적인 목적으로 활용할 수 있어야 한다고 생각합니다.

제가 할 수 있는 것은 철학과 실용적인 분야들의 접점을 어떻게 만들어 낼 수 있는지 기존의 사례들을 분석하고 해석해서 알려드리는 것이었습니다. 많은 분들이 이런 생각에 동의를 해 주시고 철학에 대한 관심이 생겨 철학 책들을 찾아보게 된다면 저 또한 의미 있는 일을 했다고 생각할 수 있을 것 같습니다.

부디 한국에서도 철학, 나아가 인문학이 투자와 사업과 만나서 한데 어우러져 많은 성과들을 만들어 내는 그런 날이 오기를 소망합니다.

참고 자료

1) 『돈 뜨겁게 사랑하고 차갑게 다루어라』 60쪽 참조, 앙드레 코스톨라니 저, 김재경 옮김, 미래의 창, 2006

2) 『원칙』 139쪽 참조, 레이 달리오 저, 고영태 옮김, 한빛비즈, 2018

3) 『금융시장의 새로운 패러다임』 63쪽 참조, 조지 소로스 저, 황숙혜 옮김, 위즈덤하우스, 2008

4) 『사회과학의 철학적 기초』 72쪽 참조, 이기홍 저, 한울, 2014

5) "무릎팍 도사" 최민수 편, MBC, 2007

6) 『해석학이란 무엇인가』 132쪽 참조, 리차드 팔머 저, 이한우 옮김, 문예출판사, 2011

7) 『해석학이란 무엇인가』 154쪽 참조, 리차드 팔머 저, 이한우 옮김, 문예출판사, 2011

8) 『존재와 시간』 56쪽 참조, 하이데거 저, 소광희 옮김, 경문사, 1995

9) 『존재와 시간 강의』 39쪽 참조, 소광희 저, 문예출판사, 2003

10) 『현상학과 해석학의 방법론적 적용의 문제』 250쪽 참조, 김애령 저, 탈경계 인문학_제2권 1호, 2009

11) 『공산당 선언』 131쪽 참조, 카를 마르크스 · 프리드리히 엥겔스 저, 이진우 옮김, 책세상, 2002

12) 『프랑크푸르트학파의 삶과 죽음』 30~32쪽 참조, 스튜어트 제프리스 저, 강수영 옮김, 인간사랑, 2019

13) 『사회 연구 조사 방법론』 140쪽 참조, W. Lawrence Neuman 저, 박기우 · 이정우 · 유희숙 옮김, 이앤비플러스, 2013

14) 『논리철학논고』, 비트겐슈타인 저, 이영철 옮김, 천지, 1991

15) 『리스크』 21쪽 참조, 피터 번스타인 저, 안진환 · 김성우 옮김, 한국경제신문사, 1997

16) 『투자와 마켓 사이클의 법칙』 47쪽 참조, 하워드 막스 저, 이주영 옮김, 비즈니스북스, 2018

17) 『원칙』 63쪽 참조, 레이 달리오 저, 고영태 옮김, 한빛비즈, 2018

18) 『수사학』 180쪽 참조, 아리스토텔레스 저, 천병희 옮김, 숲, 2017

19) 『세계에서 가장 자극적인 나라』 27쪽 참조, 짐 로저스 저, 오노 가즈모토 · 전경아 옮김, 살림, 2019

20) 『내일의 금맥』 81쪽 참조, 마크 파버 저, 구홍표 · 이현숙 옮김, 필맥, 2008

21) "Is Investing an Art or a Science?", institutionalinvestor, Michael Peltz, 2014

22) 『마르크스철학연습』 133쪽 참조, 한형식 저, 오월의봄, 2019

23) 『마르크스철학연습』 131~132쪽 참조, 한형식 저, 오월의봄, 2019

24) 『투자와 마켓 사이클의 법칙』 370쪽 참조, 하워드 막스 저, 이주영 옮김, 비즈니스북스, 2018

25) "RAY DALIO: Here's what we should be paying attention to as populism sweeps the globe", Business Insider, 2017

26) 『빌 밀러의 기술주 투자』 79쪽 참조, 재닛 로 저, 고영태 옮김, 흐름출판, 2010

27) 『자본 없는 자본주의』 333~335쪽 참조, 조너선 해스컬 저, 조미현 옮김, 에코리브르, 2018

28) 『워런버핏 바이블』 67쪽 참조, 워런 버핏 · 리처드 코너스 저, 이건 옮김, 에프앤미디어, 2017

29) 『워런버핏 바이블』 74~75쪽 참조, 워런 버핏 · 리처드 코너스 저, 이건 옮김, 에프앤미디어, 2017

30) 『워런버핏 바이블』 93쪽 참조, 워런 버핏 · 리처드 코너스 저, 이건 옮김, 에프앤미디어, 2017

31) "현대철학자 노자" 8강, 최진석 교수 강연, EBS

32) "RAY DALIO: Here's what we should be paying attention to as populism sweeps the globe", Business Insider, 2017

33) "Billionaire LinkedIn founder Reid Hoffman says his masters in philosophy has helped him more than an MBA", Business Insider, Richard Feloni, 2017

34) 상기 기사와 동일

35) 『논리철학논고』에 대한 리드 호프만의 추천, https://www.theceolibrary.com/tractatus-logico-philosophicus-1310.html

36) "라디오 스타" 성시경 편, MBC, 2008

37) 『빌 밀러의 기술주 투자』 67쪽 참조, 재닛 로 지음, 고영태 옮김, 흐름출판, 2010

38) "Glory To The New Bond King", Forbes, Matt Schifrin, 2014

39) 상기 기사와 동일

40) "Gundlach: 'Passive investing is a Myth,' Short the SPY; Go Long EEM", The Wall Street Journal, Chris Dieterich, 2017

41) 『돈 뜨겁게 사랑하고 차갑게 다루어라』 35쪽 참조, 앙드레 코스톨라니 저, 김재경 옮김, 미래의 창, 2006

42) 『돈 뜨겁게 사랑하고 차갑게 다루어라』 각각 70, 73, 159, 161, 267쪽 참조, 앙드레 코스톨라니 저, 김재경 옮김, 미래의 창, 2006

43) 『세계에서 가장 자극적인 나라』 12쪽 참조, 짐 로저스 저, 오노 가즈모토 · 전경아 옮김, 살림, 2019

44) 『세계에서 가장 자극적인 나라』 14쪽 참조, 짐 로저스 저, 오노 가즈모토 · 전경아 옮김, 살림, 2019

45) "How The Economic Machine Works", https://www.youtube.com/watch?v=PHe0bXAIuk0, 2013

46) 『돈 뜨겁게 사랑하고 차갑게 다루어라』 167쪽 참조, 앙드레 코스톨라니 저, 김재경 옮김, 미래의 창, 2006

47) 『세계에서 가장 자극적인 나라』 각각 202, 245쪽 참조, 짐 로저스 저, 오노 가즈모토 · 전경아 옮김, 살림, 2019

48) 『센스메이킹』 92~93쪽 참조, 크리스티안 마두스베르그 저, 김태훈 옮김, 위즈덤하우스, 2017

49) 『포스트휴먼이 온다』 146쪽 참조, 이종관 저, 사월의 책, 2017

50) 『혁명의 거리에서 들뢰즈를 읽자』 100쪽 참조, 김재인 저, 느티나무책방, 2016

51) "동양학을 공부하는 까닭… 말이 아닌 삶 자체를 탐구", 최진석, 매경이코노미, 2012

52) 『성공의 공식 포뮬러』 91쪽 참조, 앨버트 라슬로 바라바시 저, 홍지수 옮김, 한국경제신문, 2019

53) 『금융시장의 새로운 패러다임』 83~84쪽 참조, 조지 소로스 저, 황숙혜 옮김, 위즈덤하우스, 2008

54) 『금융시장의 새로운 패러다임』 81쪽 참조, 조지 소로스 저, 황숙혜 옮김,

위즈덤하우스, 2008

55) 『센스메이킹』 127쪽 참조, 크리스티안 마두스베르그 저, 김태훈 옮김, 위즈덤하우스, 2017

56) "Annual Impact Investor Survey 2019", giin, 2019

57) "A Sense of Purpose", 래리 핑크 서한, 2018

58) "Purpose & Profit", 래리 핑크 서한, 2019

59) "A Fundamental Reshaping of Finance", 래리 핑크 서한, 2020

60) 『미래학자의 통찰의 기술』 66쪽 참조, 최윤식 저, 김영사, 2019

61) 『손정의 2.0』 198쪽 참조, 시마 사토시 저, 장현주 옮김, 에이케이커뮤니케이션즈, 2018

62) "Want to start a startup?", 폴 그레이엄 에세이, 2014

63) "The 5 Richest Investors in the World", Nasdaq, The Motley Fool, 2016

64) "영화 '빅쇼트' 주인공 스티브 아이스먼 펀드매니저를 만나다", 위클리비즈, 윤예나, 2018

65) "That 'Useless' Liberal Arts Degree Has Become Tech's Hottest Ticket", George Anders, Forbes, 2015

66) 『왜 세계는 존재하지 않는가』 18쪽 참조, 마르쿠스 가브리엘 저, 김희상 옮김, 열린책들, 2017

철학과 투자는
이렇게 만난다

ⓒ 오영우, 2020

초판 1쇄 발행 2020년 4월 10일

지은이   오영우
펴낸이   이기봉
편집   좋은땅 편집팀
펴낸곳   도서출판 좋은땅
주소   서울 마포구 성지길 25 보광빌딩 2층
전화   02)374-8616~7
팩스   02)374-8614
이메일   gworldbook@naver.com
홈페이지   www.g-world.co.kr

ISBN   979-11-6536-263-8 (03100)

이 도서의 국립중앙도서관 출판예정도서목록(CIP)은 서지정보유통지원시스템 홈페이지(http://seoji.nl.go.kr)와 국가자료공동목록시스템(http://www.nl.go.kr/kolisnet)에서 이용하실 수 있습니다. (CIP제어번호 : CIP2020012693)